I0475043

אגרת לציבור

Tzibur Publications
Jerusalem

Copyright ©5773 (2012)

For more information:
ציבור בני ישראל Tzibur Bnei Yisrael
e-mail: publications@tzibur.org
web: http://www.tzibur.org/

אגרת לציבור

בס"ד

כ'ח ואחדות

מימוש ה**כח** הפנימי, הטמון [1]במסורת ה"[2]ציבורי" ("קהילה") [3]היהודית, מאפשר ביטויה והגשמתה של **אחדות** עם ישראל.

ה[4]אחדות היהודית, אותה מציג המושג "ציבור", היא בעלת אופי הוליסטי. בשל כך, היא משמרת את זהותו הייחודית של כל פרט משתתף ואת זהותן של קבוצות גדולות בעלות הגדרה-עצמית. משתתפים אלה קשורים הלכתית במערכות-יחסים והתחייבויות הדדיות, המהוות את מסגרתה של החברה היהודית.
ברמה עמוקה ויישומית יותר, ניתן לראות את האחדות- המוצגת בחברה היהודית- כביטוי למערכת יחסים בין "איברים" שונים בקהילה, המיוצגת כישות אורגנית שלמה.

.

לב הארץ ירושלים, כי מציון תצא [5]תורה;
וכי דמים לכלכלת המלכות (לב העם) כמו דם לגוף של בן אדם

כמו כן, ניתן להעניק למושג ה"שבטים" פירוש מטפורי, ולראותו כתפיסות עולם ייחודיות וייצוגיות, הנכללות תחת מסגרת מאחדת, המבטיחה הגנה על שונות ומגוון.

> ויהי בישורון [6]מלך - כשישראל שוים בעצה אחת מלמטה, שמו הגדול משתבח למעלה, שנא' **ויהי בישורון מלך אימתאי בהתאסף ראשי עם ואין אסיפה אלה [7]זקנים שנאמר אספו לי שבעים איש מזקני ישראל**: יחד שבטי ישראל · כשהם עשוים אגודה אחת ולא כשהם עשוים אגודות אגודות · וכן הוא אומ' הבונה בשמים מעליותיו ואגודתו על ארץ יסדה · ר' שמעון בן יוחי אומר משל לאדם שהביא שתי ספינות וקשרם בהגונים ובעשתות והעמידן על גביהם ובנה עליהם פלטורין כל זמן שהספינות קשורות פלטורי' קיימים פרשו ספינות אין פלטורים קיימים · כך ישראל ... · ... אף כאן אתה אומר יחד שבטי ישראל · **כשהם עשוים אגודה אחת** ולא כשהם עשוים אגודות אגודות · **יחד שבטי ישראל:**
> [**ספרי** – פרשת וזאת הברכה ד"ה ויהי בישורון מלך , זולצבאך תקנ"ב דף פ"ג ע"ב]
>
> מפורש א"כ **שיסוד חטאם של השבטים במכירה הוא פירוד וע"ז באה מצות מחצית השקל היוצרת את כח הציבור** בקרבנות ומכפרת משום **שיסוד מצות מחצית השקל כמבואר הוא אחדות** ומציאות האחדות היא רק על ידי שכל אחד מעביר על מדותיו ההפך ממה שנהגו השבטי י"ה.
> **[חזון למועד – אריה ליב הכהן שפירא, ירושלים תשס"ה]**

רעיון ה"**כח**" במסורת היהודית נכלל ב"[8]שבעה טובי העיר", מועצת העיר בת שבעת הזקנים, שיושב על יד ה"סנהדרין הקטנה", בלשון ההלכתית- בתי-הדין המקומיים, בעלי 23 דיינים.

ה"**כח**" נובע **ישירות** מן הפרטים בקהילה באמצעות מערכת ייצוג; במערכת זו נעשה שימוש מתמשך מאז ימי [9]יתרו, באמצעות מינוי ה"שרים" – שרי עשרות, חמישים, מאות ואלפים.

אף על פי כן, התיעוד ההיסטורי מתמקד בעיקר במועצת העיר בת "**שבעה** טובי העיר", מבלי התייחסות לאופן הבחירה הממשי. ניתן ליישב זאת לאור העובדה, כי- ככל הנראה- [10]מצוות מינוי "שרים" כ"שופטים", "שוטרים" ו"דיינים" ניתנה,

במקור, כבחירות המבוססות על חלוקה לעשרות וללא התייחסות נפרדת למשרות עצמן, אותן היה על [11]שרים אלה למלא בחברה היהודית.

> ״כל צבור וצבור במקהלות בנ״י הם **כשותפים** וכו׳ אבל כדי שלא יהא הדבר כקדירה דבי שותפי ויהיי זה מושך לכאן וזה מושך לכאן וכו׳ **ולזאת המנהג בכל תפוצות ישראל** [12]**לבחור להם טובי העיר** ולהם מסרו זכות שלהם״ [שו״ת מהר״ם שיק חו״מ סי׳ יט] הרי שהנבחר הוא בא **כח הציבור** ואין לו שררה עצמית אלא **שהציבור שורר על עצמו**.

ניתן לראות את הניסיון הראשון ליישוב ה״סתירה״ בתוך [13]המשנה, בדבריו של ר׳ נחמיה (סנהדרין פרק א׳, הלכה ד׳):

> וכמה יהא **בעיר** ותהא ראויה לסנהדרין?
> מאה ועשרים;
> **רבי נחמיה אומר: מאתים ושלשים, כדי שרי עשרות.**

מכאן, למדים אנו כי בקהילה המורכבת מ-230 פרטים בדיוק- ״שר עשר״ ראוי לשמש בבית המשפט המקומי, בו 23 דיינים, בו זמנית עם כהונתו במועצת השבע המקומית.

העמדה הראשונה המצוטטת במשנה, דהיינו- כי בעיר נדרשים מאה ועשרים- זוכה לתמיכה מצד רובם המכריע של הפוסקים, ביניהם הרמב״ם- הידוע בגישתו המציאותית והיישומית. לפי הפוסקים, המספר מאה ועשרים אינו מייצג את מספרם הכולל של תושבי העיר, אלא בפירוש מייצג את מספר ה״[14]שופטים״ (בניגוד ל״שוטרים״, המהווים שרי עשר, ראה הגאון מווילנה ואחרים); ״שופטים״ אלה הם –ליתר דיוק- ה״[15]זקנים״ אשר מונו כ״שרי חמישים״ (שרי מאות, או [16]אלפים). מכאן, הרמב״ם ואחרים קראו את המשנה כדלהלן:

> וכמה [**שופטים**] יהא בעיר ותהא ראויה לסנהדרין, מאה ועשרים.

[17]האברבנאל ביתרו מדגיש את ההבדל היישומי בין המושג ״דיין״, הייחודי לעולם המשפט וחריצת הדין, ובין המושג ״שופט״, הכולל בנוסף לכך את ״[18]מנהיגי״ החברה האזרחית, [19]היהודית-מסורתית. כוחו של ה״שופט״ עולה, למעשה, על כוחו של ה״דיין״:

> ...וטובי הקהל כשיושבין לפקח על עסקי רבים ויחידים **במקום בי״ד קיימי** כדמוכח בהדיא במרדכי פ״ק דב״ב דמדמי להו לגזירותיהם להא דכל אשר לא יבא בעצת **השרים והזקנים**...[תרומת הדשן סי׳ ריד]
>
> **הקנסות אע״פ שאין גובין** [בב״ד] **דנין עפ״י ז׳ טובי העיר.**
> וביור״ד סימן רס״ז ס״ק קס״ב כתי: טור בשם הרי״ף
> [ברכת אליהו חושן משפט הלי דיינים א]
>
> ...**כח הציבור לתקן תקנות ולכפות את ביצועם על כל יחיד ויחיד** הוא רק כאשר יש הסכמה מלאה פה אחר של הציבור או של מועצת **נבחרי הציבור שקבלו את כח הציבור** לתקן תקנות לציבור. [שו״ת המהרשר״ם חלק יו״ר שאלה קיז]
>
> ...דאלים כח דציבורא, שבכלל דבריהם אינם צריכים קנין, שהרי כתב **הרשב״א** שדין הציבור עם היחידים כדין בית דין הגדול עם כל ישראל ... **כח הציבור אלים כתקנת בית דין**. [שו״ת הרשב״ש סי׳ קיב]

למעשה, קיימים שני מקורות בסיסיים **לכח** זה של הקהילה בחברה היהודית:

והנה יש בכלל ישראל ב' כוחות, כח הציבור וכח היחיד,וכח הציבור הוא על ידי הרגשת **הלב** ורצון להצטרף אל הציבור כדמצינו אצל **פרשת שקלים** לתרומת המשכן שהוא דוקא באופן של כל נדיב לבו [שמות כ"ה] ואפי"ל **שרוח הקודש של נעשה ונשמע הוא רוח הקודש של כוחא דציבורא** ובכן לא הי' באפשרי כי אם ע"י שכל אחד מישראל **צירף עצמו להכלל** בכל לבבו, ועי"ז זכו לרוח הקודש של נעשה ונשמע היינו דיבור הכללי של קבלה.

וקבלה זו באופן **השתתפות של כח הציבור מבטיח הנשמה של כח הציבור לנצח** עד ביאת גואל צדק, ולכן על קבלה אמיתית כזו לא שייך חזרה כי אף אם יחזור ח"ו איש מישראל על הקבלה הרי הוא חוזר רק לעצמו, ואי אפשר לו לחזור על הקבלה בתוך הציבור שקבלה זו נוגעת בעומק לבו יותר, מהחזרה שהוא חוזר כשהוא מצד היחיד. ולכן היחיד לעד ולנצח יש לו קשר וכפרה מתוך כח דציבורא כדמצינו אצל קרבנות ציבור של יום הכיפורים.

[בנים למקום לר' אברהם משה ראבינאוויטץ מסקאליע]

ואכן לקבלת התורה מאהבה צריכים אנו להיות כאיש אחד בלב אחד – ציבור שלם, וזה מתבאר ממחצית השקל, שכל אדם מבין שהוא חלק מן הכלל, **ועם כח הציבור והאחדות יכולים אנו לבוא לקבלת התורה מאהבה**. נמצא **שבמחצית השקל טמונה אותה אחדות**, כולנו בשוה – לא פחות ולא יותר, ולכן אדר הוא החודש של קבלת התורה, כי אחדות זו היא ההכנה לאחדות של קבלת התורה.

ולפי"ד, נבוא לדברי הירושלמי (שקלים פ"א) – כל העובר על הפקודים "כל דעבר על ימא", ודברי הירושלמי סתומים, דמה שייכות קי"ס למחצית השקל. ועי' בספר טעם ודעת מהרה"ג ר' משה שטרנבך שליט"א שביאר עפ"י המדרש שטען שרו של ים הללו עובד ע"ז והללו עע"ז, ועי' במשך חכמה (בשלח) דקטרוג זה הי' דוקא על הים שנתחלקו לד' כיתות ונתבטלה אחדותם, וממילא כשנתבטל כח הציבור נידונו כיחידים להענש על ע"ז, **והתיקון לזה הי' דוקא במחצית השקל – הכח של איחוד בכלל ישראל** – העשיר לא ירבה והדל לא ימעט, ממון הציבור. **זה הוא כח של מחצית השקל – כח הציבור מאחד את כולם**, ודייקא בחודש אדר שהוא החודש של קבלת התורה וכמשפרש"י מאהבת הנס [ועי' בבית הלוי על התורה ואכמ"ל].

נטע נעמים ח"ב דף 91 כסלו הי'תש"ס

ככ'חם נתנו לאוצר המלאכה [עזרא ג:סט] מכאן שכ'ח הציבור שהוא דבר שבכסף. [ז"ק]

מצוה מן המובחר לחזק את הבנין ולהגביהו **כפי כח הציבור** וכו'

רמב"ם הלכות בית הבחירה פ"א ס"י

אילו היה שם לא היה נגאל - פירוש כי לכאורה יש להקשות שהיו גם רשעים שיצאו ממצרים כמו דתן ואבירם ומיכה והערב רב ואיך מוכח שרשע זה לא היה יוצא אך הם יצאו בזכות הציבור דלפעמים כשכל הציבור זוכה גם אדם שמצד עצמו אין לו זכויות כ"כ נכלל עמהם וזוכה בישועת הציבור ובלבד שלא יהיה רשע גמור **דזהו כח הציבור**, אך רשע זה **לפי שהוציא עצמו מן הכלל** שוב אין לו כח הציבור ואילו היה שם לא היה נגאל.

ימי ברכה לר' יחיאל מיכאל בן הרב יששכר רוטשילד שליט"א - קרית ספר טבת תשס"ו

נמצאנו למדים, שרוח הקודש של נעשה ונשמע הוא הוא כוחא דציבורא שנובע מתוך האחדות שיצא לפועל ע"י אסיפת החצי שקלים ..."**זה הוא הכח של מחצית השקל – כח הציבור המאחד את כולם**".

והנה מה **שמנה** דוד את ישראל ... היה משום הכנה לבנות את בית המקדש, וכמו דמבואר שם שמיד אח"כ התחיל בבנין המזבח וע"ש. **משום שבנין בית המקדש הוא חיוב על כלל הציבור.** וכמו דאיתא גמ' סנהדרין כ"א ע"ב, ג' מצוות נצטוו ישראל בכניסתן לארץ ואחד מהם הוא לבנות בית הבחירה, וכן בואר ברמב"ם בספר המצוות בסופו שזו מצוה המוטלת על הציבור. ומשום כך מנה דוד את ישראל **שע"י מנין שידוע ומתברר סך כל הציבור הרי מקבלים בזה שם של ציבור,**

וביותר **שהמנין נותן חשיבות מיוחדת לדבר הנמנה** א״כ ע״י שמונים את כולם הם מקבלים בזה חשיבות של ציבור, והציבור הוה בונה את בית המקדש. [ומבואר יותר לפמ״ש הרמב״ן בפר׳ ויקרא שקרבן ציבור אינו קרבן השותפין שוה נחשב יחידים אלא יש שֵם של ציבור, ממילא ע״י שסופרים ויודעים את הציבור נקבע עליהם שם ציבור.] א״כ המנין הזה היה **הכנה לבנות את בית המקדש בכח הציבור**, וגם במדבר מצינו לפני בניית המשכן שנמנו, אולי גם זה כדי לקבוע עליהם שם ציבור שבונה את המשכן. וכמו כן בשאול לפני מלחמת עמלק כתיב **וישמע שאול את העם** [העם גי׳ **סִדְנָא** דְאַרְעָה חַד הוּא, [ופטים מנהיגים - ז״ק] ויפקדם **בטלאים** [בטלאים גי׳ **צב** כמספר שופטים דיינים - ז״ק], שמנה אותם, וזה מתבאר על דרך זה **מכיון שהלך להילחם בעמלק שהוא גם חיוב על הציבור לכן הוא מנה אותם כי ע״ז יהיה כח הציבור להילחם בעמלק**, ואמנם גם במלחמה הראשונה הוא מנה כמ״ש ויפקדם בבזק, אבל במלחמת עמלק כתוב וישמע שאול את העם, משמע דהרצון היה למנות את העם בכללותו ולא רק היוצאים למלחמה, וע׳ בספר עזרא שג״כ היה שם מנין לפני בניית המקדש.

עיוני רש״י, פרשת כי תשא, אברהם יצחק ב״ר הגרח״ע ברזל שליט״א, קרית ספר תשנ״ח

... **כח הציבור** היא למעלה מהכלי, **ולשון ציבור היא מלשון צבורין ועומדים למעלה מן הכלי המגביל** ... [שם משמואל לפורים בשם אביו]

כ״ע לא פליגי דגדול כח הציבור, אבל פליגין בסדר גודל של כח זה, שמצאנו רב נחמן ורב ששת בבבלי [יומא ו ע״ב] אם טומאה הותרה או דחויה בציבור, דרב נחמן אמר הותרה בציבור לפי שמעלת הציבור גדולה מאוד עד שאין שום פגם וטומאה יכולה לשלוט בהם, ולכן היתר גמור... ונמצא דהני אמוראי רב נחמן ורב ששת פליגי בפלוגתא דהני אמוראי ר׳ יוחנן וריש לקיש [פסחים סו ע״ב] הנ״ל **אם דרשינן איש נדחה ואין הציבור נדחין כלל או דמסברא הוה אמרינן דלית להו תקנתא**...

[ע׳ צבא אהרן סימן טז ס״ק י׳ - רבי אהרן וויעדער שלימ״א אבד״ק לינז וחבר הבד״צ צאני קלויזעבבורג בארה״ב]

ובהתאספות ציבור מישראל מתעורר הכח של האבות הראשונים, **ואֵלו המתעסקים בצרכי ציבור מקבלים את כח הציבור**, ונצרך לכך שיהיו עוסקין עמהם לשם שמים... [פני מנחם פרשת חקת]

וזהו כח הציבור, תמיד קרובים להפוך הדין לרחמים.[פני מנחם פרשת בהעלותך בשם הרי״מ]

כח הציבור, מה שמקיימים מצוות ברבים, בחינת ׳ושכנתי בתוכם׳ [שמות כ״ה:ח] ד׳**כל בי עשרה שכינתא שריא**׳ [בבלי סנהדרין ל״ט ע״א], דישנו כח מיוחד של קוב״ה המסייע בציבור. [פתגמי אורייתא - בני ברק תשס״ד]

זוהי חובתו של כל אדם, כמו גם של הקבוצה כמכלול, לשמר את החברה היהודית בהתאם למנהגים ומסורות מקובלים אלה (ספר החינוך ואחרים).

ההיסטוריה מציינת **ארבעה** מקרים, בהם על ״בעלי הסמכות המרכזית״ **להזכיר לעם את חובתו**:

אין עושין סנהדריות לשבטים אלא על פי בית דין של שבעים ואחד [בבלי סנהדרין א.]

ואין עושין סנהדריות לשבטים אלא בבית דין של שבעים ואחד [סנהדרין פ״א ה״ג]

ופרש״י שצריכין ב״ד הגדול שבלשכת הגזית לצאת לעיירות ולהושיב בכל א׳ סנהדרין קטנה של כ״ג, אבל **הרמ״ה** בדף טו: כתב בהיפוך דהשבט וסנהדריו באין אצל ב״ד הגדול בירושלים.

[ספר ברכת שי מאת ר׳ שמריהו יוסף ברמן תשס״ב]

ובטעם[20] **מחלוקת** רש״י והרמ״ה, רמ״ה כרשב״ג וכן פסק החינוך וכמו שהיה נהוג בתקופת השופטים. ורש״י כרב יהודה סובר שמצוה תלוי בראש ית״ב. דלעיני כל ישראל. דמאן דהוי רישא לישראל שקיל ככלוהו. אבל האמת עם הרמ״ה[ד] שהציבור חייב (הַמָּזֶג בִּטְנֵךְ (שה״ש ז:ג) ראשי תיבות גי׳ ז׳ [טובי העיר] שהם

קודם במצוה, סופי תיבות כ״ג שהב״ד ממומה **ע״י** הזט״ה) בכל שער ושער על קיום המצוה, והראש אתקרי **פרנס**.(עז״ק מאמר **דור דור ודורשיו** והמ״י). ואכ״ז על המלך או על הב״ד הגדול או על הראש לעמוד בפרץ ולמנות כיי דמר על **דוד** (שמ״ב ו:א) **ויהושפט** (דה״י ב׳ י״ז א׳) **ועזרא הסופר** (עזרא ז׳ כ״ה). [ע״ע רמב״ם הלכות סנהדרין פ״ד הי״ז.]

וכן משמע מלשון הבבלי: (סנהדרין דף פח:) מתחילה לא היו מרבין מחלוקת בישראל אלא בית דין של שבעים ואחד יושבין בלשכת הגזית ... **ושאר בתי דינין של עשרים ושלשה יושבין בכל עיירות ישראל** ...

משרבו תלמידי שמאי והלל שלא שמשו כל צרכן רבו מחלוקת בישראל ונעשית תורה כשתי תורות **משם כותבין ושולחין בכל מקומות: כל מי שהוא חכם ושפל ברך ודעת הבריות נוחה הימנו יהא דיין בעירו.**

וע״ע היטיב בגור אריה ר״פ שופטים וברמב״ם סה״מ מ״ע קע״ו וביד בפ״א מה״ס ה״ג.

וע״ע ספר דבר משפט (ר׳ חיים דוד הלוי תשכ״ה) דסוגיא דהוריות בב״ד הגדול איירי, ושורות התלמידים לא חיו יושבים לפני סנהדרי גדולה אלא בפני סנהדרין קטנה בלבד, כמפורש בדברי רבנו (פ״א ה״ז) ומקורה בש״ס, דדוקא בסנהדרי קטנה שמוסיפין על מנינם עם נחלקו הדיינים, היה צורך בהושבת שורות תלמידים, משא״כ בגדולה שאין מוסיפים על מספרם לעולם, הרי שלא היה צורך בשורות תלמידים. ע״כ.

ועתה באגרת הזאת אנו כותבים ושולחים לכל הציבור לקהֵל בימנו אלו ולקיים המצוה ולנַצֵחַ.

מצוה תצ״א: למנות שופטים ושוטרים וזאת א׳ מן המצות **המוטלות על הציבור** כולם ... שיש לכל קהל וקהל שבכל מקום ומקום למנות ביניהם קצת מן **הטובים** שבהם שיהיה **כח** על כולם ...[ספר החינוך]

המסגרת הבסיסית, המרכיבה קהילה בישראל, בנויה ממאה ועשרים חברים פעילים:

״בית-הדין הקהילתי״ מורכב מעשרים ושלושה דיינים-זקנים ומשלוש שורות בנות עשרים ושלושה תלמידים (שרי עשר)- אשר יחדיו מהווים 92 חברים.

וזהו שהקריבו שש עגלי **צב** שעשו המתקת **הדינים** בהששה עיתים
(עמק תפילה פרשת נשא מובא בשושנת העמקים לר׳ יעקב ישראל בן מרדכי טברסקי – לובלין תרמ״ד)

״מועצת הקהילה״ מורכבת משבעה זקני קהילה ומשלוש שורות בנות שבעה נציגים נבחרים (שרי עשר)- אשר יחדיו מהווים 28 חברים, שהם ״**כח**״ הציבור.

בקהילה אידיאלית בת אלף איש יהיו 30 שרים-זקנים (חמישים/מאות/אלפים), המייצגים את עשרים ושלושת הדיינים ושבעת מנהיגי הקהילה, כאשר כל אחד ואחד מהם מוגדר ישירות:

...בציר מעשרה לא אשכחן שררה: [רש״י על הבבלי סנהדרין ד״ב ע״ב]
שיהא לכל דיין שר של עשרה דבציר משרי עשר לא אשכחן שררה.
[פני משה סנהדרין פ״א ה״ד]
שיהא כל דיין שר של עשרה דבציר משרי עשרה לא מנינן שררה.
[קרבן העדה סנהדרין פ״א ה״ד]
הכוונה בשרי אלפים ושרי מאות שרי חמישים ושרי עשרות ר״ל שרים שופטים... [אברבנאל יתרו]

מצווה זו מחייבת כל אדם לחפש אחר בעלי תפיסת-העולם העקבית המתאימה, הראויים לגיבוש "מניינים"; מטרתם המוגדרת של מניינים אלה היא יצירת ביטוי האחדות הגשמי בחברה היהודית המגוונת, באמצעות בחירת "שר עשרה".

כל הרואים פער בין החברה היהודית האידיאלית בישראל ובין התנאים הקיימים עשויים לחבור לבעלי השקפות דומות, ותוך [21]מינוי שר עשרה להכפיל פי עשרה, ואף יותר, את מאמציהם לשיפור המצב. (תוספתא בבא מציעא יא:יב)

חקירה- ולו חפוזה ביותר- של הספרות היהודית בת [22]אלפיים השנה האחרונות מגלה, כי נעשה שימוש בנוסחא יעילה זו [23]בכל קהילה יהודית, מזמנו של יתרו ועד שנותיה הראשונות של המאה העשרים. בנוסחא יעילה זו נעשה שימוש לצורך איחוד קהילות בערים גדולות (כירושלים בימי יוסף בן-מתתיהו) ובערים קטנות יותר, המכילות עד אחד עשר מניינים בלבד (כדוגמת צפת בימי בית-יוסף והאר"י), כמו גם בבתי-כנסת בודדים, ב"איגודים" יהודיים שונים ואף בקבוצות פעילות חברתית בעלות בסיס רחב.

ובבוא הצבא הזה אל **ירושלים** החליפו **טובי העיר כ׳ח** ויחד עמם הכהנים הגדולים וכל אוהבי שלום אשר בקרב העם...
[מלחמות היהודים ליוסף בן ממיהו הכהן, פרק יז ס"ה]

מנוי ז' טובי העיר [חו"מ שם בסי' קעט דף קמג רע"ב] עולה כי **מנהג צפת היה שהקהל היה בוחר י"א אנשים שהם היו בוחרים את ז' טובי העיר.**
[שאלות ותשובות מהרי"ט צהלון החדשות לרבינו יום טוב צהלון זצ"ל מכון ירושלים תש"מ]

כופין בני העיר זה את זה לבנות להן בית הכנסת לקנות להן ספר תורה ונביאים ורשאין בני העיר להתנות על **השערים** ועל **המדות** ועל **שכר הפועלים** רשאין לעשות **קיצתן** רשאין בני העיר לומר כל מי שיראה אצל פלוני יהא נותן כך וכך כל מי שיראה אצל מלכות יהא נותן כך וכך כל מי שרצה או שתרעה פרתו בין הזרעים יהא נותן כך וכך וכל מי שתרעה בהמה פלונית יהא נותן כך וכך רשאין לעשות קיצתן ורשאין **הצמרין והצבעין** לומר כל מקח שיבא לעיר נהא כולנו שותפין בו רשאין **הנחתומין** לעשות רגועה ביניהן רשאין **החמרין** לומר כל מי שימות לו חמור לעמוד לו חמור אחר מתה בכוסיא אין צריכין להעמיד לו חמור דלא בכוסיא צריכין להעמיד לו חמור ואם אמר תנו לי ואני לוקח לעצמי אין שומעין לו אלא לוקחין ונותנין לו רשאין **הספנין** לומר כל מי שתאבד ספינתו נעמיד לו ספינה אחרת אבדה בכוסיא אין צריכין להעמיד לו דלא בכוסיא צריכין להעמיד לו ואם פירש למקום שאין בני אדם פורשין אין צריכין להעמיד לו. (תוספתא ב"מ יא,יב)

מפורש א"כ שיסוד חטאם של השבטים במכירה הוא פירוד וע"ז באה מצות מחצית השקל היוצרת את כח הציבור בקרבנות ומכפרת משום שיסוד מצות מחצית השקל כמבואר הוא אחדות ומציאות האחדות היא רק על ידי שכל אחד מעביר על מדותיו ההפך ממה שנהגו השבטי י"ה. [חזון למועד – אריה ליב הכהן שפירא, ירושלים תשס"ה]

שָׁרְרֵךְ֙ אַגַּ֣ן הַסַּ֔הַר אַל־יֶחְסַ֖ר הַמָּ֑זֶג בִּטְנֵךְ֙ עֲרֵמַ֣ת חִטִּ֔ים סוּגָ֖ה בַּשּׁוֹשַׁנִּֽים׃ [שה״ש ז:ג]

וַאֲהֵ֣בְךָ֔ וּבֵרַכְךָ֖ וְהִרְבֶּ֑ךָ וּבֵרַ֣ךְ פְּרִֽי־בִטְנְךָ֣ וּפְרִֽי־אַ֠דְמָתֶךָ דְּגָנְךָ֨ וְתִירֹשְׁךָ֜ וְיִצְהָרֶ֗ךָ שְׁגַר־אֲלָפֶ֙יךָ֙ וְעַשְׁתְּרֹ֣ת צֹאנֶ֔ךָ עַ֚ל הָאֲדָמָ֔ה אֲשֶׁר־נִשְׁבַּ֥ע לַאֲבֹתֶ֖יךָ לָ֥תֶת לָֽךְ׃ [דברים ז:יג]

וְהוֹתִרְךָ֤ יְהוָה֙ לְטוֹבָ֔ה בִּפְרִ֧י בִטְנְךָ֛ וּבִפְרִ֥י בְהֶמְתְּךָ֖ וּבִפְרִ֣י אַדְמָתֶ֑ךָ עַ֚ל הָאֲדָמָ֔ה אֲשֶׁ֨ר נִשְׁבַּ֧ע יְהוָ֛ה לַאֲבֹתֶ֖יךָ לָ֥תֶת לָֽךְ׃ [דברים כח:יא]

יִתֵּ֨ן יְהוָ֤ה אֶת־אֹיְבֶ֙יךָ֙ הַקָּמִ֣ים עָלֶ֔יךָ נִגָּפִ֖ים לְפָנֶ֑יךָ בְּדֶ֤רֶךְ אֶחָד֙ יֵצְא֣וּ אֵלֶ֔יךָ וּבְשִׁבְעָ֥ה דְרָכִ֖ים יָנ֥וּסוּ לְפָנֶֽיךָ׃ [דברים כח:ז]

וְהוֹתִֽירְךָ֩ יְהוָ֨ה אֱלֹהֶ֜יךָ בְּכֹ֣ל ׀ מַעֲשֵׂ֣ה יָדֶ֗ךָ בִּפְרִ֨י בִטְנְךָ֜ וּבִפְרִ֧י בְהֶמְתְּךָ֛ וּבִפְרִ֥י אַדְמָתְךָ֖ לְטֹבָ֑ה כִּ֣י ׀ יָשׁ֣וּב יְהוָ֗ה לָשׂ֤וּשׂ עָלֶ֙יךָ֙ לְט֔וֹב כַּאֲשֶׁר־שָׂ֖שׂ עַל־אֲבֹתֶֽיךָ׃ [דברים ל:ט]

וַיֹּ֣אמֶר אֵלַ֗י בֶּן־אָדָם֙ בִּטְנְךָ֤ תַֽאֲכֵל֙ וּמֵעֶ֣יךָ תְמַלֵּ֔א אֵ֚ת הַמְּגִלָּ֣ה הַזֹּ֔את אֲשֶׁ֥ר אֲנִ֖י נֹתֵ֣ן אֵלֶ֑יךָ וָאֹ֣כְלָ֔ה וַתְּהִ֥י בְּפִ֖י כִּדְבַ֥שׁ לְמָתֽוֹק׃ [יחזקאל ג:ג]

הַסַּהַר - חזי גורן עגול (ז״ק)

הַסַּהַר אַל יֶחְסַר הַמָּזֶג בִּטְנֵךְ – ראשי תיבות ג׳׳ כ״ג הן סנהדרין קטנה

הַמָּזֶג בִּטְנֵךְ - ראשי תיבות ג׳׳ ז׳ <טובי העיר> שהם קודם במצוה.

הַמָּזֶג בִּטְנֵךְ – סופי תיבות כ״ג

[הגדה של פסח עם פירוש הרוקח לרבנו אלעזר מגרמייזא. ומקורו מובא בתוספות השלם לשה״ש על אתר וע״ע בבלי סנהדרין לז: ילקוט שמוני שמואל ברמז קמ״ז; ילקוט שמוני תהילים ס:א-ב]

[תרגום לתהילים מה:א. מפרש ״שושנים ששושנים״ ע׳ ספר תרגומא דהתרגום לאדז תרצ״ו]

ברכת ירושלים

נוסח ארץ ישראל

רחם ה׳ אלוהינו ברחמיך הרבים על **ישראל עמך**
ועל **ירושלים** עירך ועל **ציון** משכן כבודך ועל **היכלך**
ועל **מעונך** ועל **מלכות בית דוד** משיח צדקך
ברוך אתה ה׳ **אלהי דוד בונה ירושלים**.

שותפות רשמית ליצירת קהילה (״______________________״)

מטרה משותפת: _______________________________

תאריך מוצע: ____________________

מיקום: ____________________

הליך:

1. הסכמה על מטרה משותפת
2. בחירת הממונים

א. ״שר״ – **אחראי** על ביצוע החלטות

ב. ״מזכיר״ – **אחראי** על תיעוד ותקשורת (״מנהל כללי״)

ג. ״גזברים״ – שלושה, לכל הפחות (שניים האחראים לאיסוף ושלישי להפצה)

3. איסוף מסים (דמי חברות במועדון)

א. מס שנתי: שתי מחציות מנה כסף

ב. ״כרטיס חברות״ מנה כסף

ג. שרים המייצגים קהילות אחרות (ייקבע בהמשך)

ד. [יש לשים לב: ניתן להשאיל מנה כסף מן האוצר (פיקדון בן 400 שקלים חדשים, נכון לתשרי התש״ע)]

4. תיעוד **השותפות**

א. פתיחת ״פנקס הקהל״

1. נוכחות מזכיר התיעוד (״מעמד״)
2. המזכיר שומר את תיעוד האוצר בפנקס הקהל
3. הגזברים חותמים על התיעוד
4. המזכיר מציין את המטרה המשותפת בפנקס הקהל

ב. תיעוד החברות

1. ממונים- ייפו כוח (צהוב)
2. כולם- אחריות אישית (כחול)
3. העדים חותמים על התיעוד
4. המזכיר שומר את התיעוד בפנקס הקהל

5. הליכים

א. עבור כל פריט בסדר-היום

1. השר יכול למנות יושב-ראש
2. **נותן החסות** מציג את ה**פריט** ואת ה**פעולה** המוצעת (15 דקות, אלא אם כן הוצע אחרת בהכרזת סדר-היום)
3. **שני** נותני-חסות משותפים מציגים את הפריט ואת הפעולה המוצעת (5 דקות לכל אחד, אלא אם כן הוצע אחרת בהכרזת סדר-היום)
4. לכל חבר ניתנות 5 דקות לתגובות ו/או שאלות (אלא אם כן הוצע אחרת בהכרזת סדר-היום)
5. **החלטה** ל**פעולה** מסוימת מוצעת וזוכה לתמיכה
6. אישור/דחייה/דחיית הדיון בנוגע ל**פעולה** המוצעת ב**החלטה**
7. המזכיר רושם את התוצאות בפנקס הקהל

ב. מבנה הפגישה

1. התאספות ובדיקת נוכחות
2. דיון בנושאים קודמים
3. דיון בנושאים חדשים
4. הצעות להכנסת פריטים לסדר-היום
5. נעילת הישיבה

אמר רבי מנא בר תנחום נכנסו מאה עד שיורו כולן. **הוריות פ״א ה״א**
רבי אמי בם רשב״ל **להורייה** הילכו אחר **ישיבת ארץ ישראל.** הוריות פ״א ה״ב

<u>הערות</u>

1. **<u>במסורת</u>** : **פרשת שופטים** *אור ליום שבת ב' אלול.*

כבר הזכרנו לעיל שההתדבקות בשכינה אינה מועילה אלא צריך להמשיך ולעלות בשאר הספירות. דיין שמטה את הדין נחשב כמי שדבק בשכינה בלבד ובכך מקצץ בנטעיות, שהרי מפריד בין המלכות לשאר הספירות.

חזק ואמץ וגו'. "לא תטה משפט" וגו' משום דמאן דמטי דינה מי שמטה דין הוי מאן דמטי אורחא דתתא מטה הדרך התחתונה דאקרי משפט. "לא תכיר פנים" משום דהוי כמאן דמשתמודע אפין לשכינתא מכיר פנים לשכינה דאקרי "פני ה'" והוה ליה קוצץ בנטיעות. "ולא תקח שוחד" דמאן דנסיב שוחדה שמי שלוקח שוחד הוי כמאן דנסיב ספירה חדא לגרמיה לוקח ספירה אחת לעצמו ומתייחד בה, למנסב שפעא דחברתא ולאנגדה בה לקחת השפע של חברתה ולהמשיכה אליו. "כי השוחד יעור עיני חכמים" דחשיב דיינא דדינא דקשוט קא דאין שהדיין חושב שדן דין אמת משום דשוחד אסטי ליביה היטה את ליבו למחשב דקושטא דדינא הכי הוא לחשוב שהאמת בדין כך הוא. "ויסלף דברי צדיקים". כלומר, דברי ההוא, דאיהו צדיק בדינו נראים בעיני הדיין דאינון מעוותין שהם מעוותים משום דשוחדא דלקח מאידך גרים ליה למיחש הכי גורם לו לחוש כך.

"צדק צדק תרדוף". באורח צחותא בדרך צחה איכא לפרושי תרי צדק דקאמר שתי פעמים צדק שאמר, הם המלכות, והכי קאמר" (א).תרדוף צדק דאיהו מלכות תמיד צריך להדבק במלכות, (ב). או לרחקא לה מדעתך לאזדהרא לרחק מדעתך ולהזהיר מהאפשרות מלנסב יתה בלחודאה להדבק במלכות לבד דלא תהא קוצץ ח"ו.

ולפום קושטא ולפי האמת הכי קאמר, צדק תחתון מלכות תתאה וצדק עליון מלכות עילאה תרדוף לאדבקא ולחברא לדבקם ולחברם. "וירשת את הארץ" לקבל כנגד צדק דאיהו ארץ חפץ.

וכללות קשר הפרשה אתא לאזהורי לישראל דלא יהא הנהגה דיליהון שלא תהיה ההנהגה שלהם כשאר עממין כלל. ושארי והתחיל ב"שופטים תתן לך בכל שעריך" כלומר דכל הגויים שופטים דיליהון בקרתא חדא אצל הגויים, השופטים שלהם בעיר אחת ותמן אתיין מכמה קרנין לדינא ולשם באים מכמה פינות לדין, ובהכי ובכך מרבין שכר לחזניהם ולסופריהם לפקידים. **וישראל לאו הכי, אלא בכל קרתא וקרתא ייתיבון דיינין בכל עיר ועיר ישבו דיינים, כדכתיב "שופטים ובתר הכי כתב שוטרים תתן לך בכל שעריך" כלומר, בכל קרתא עיר. "ושפטו את העם משפט צדק" דלא ייסטון דינא יסיטו הדין לסופריהם ולחזניהם.** [מגיד מישרים למרן ר' יוסף קארו - תורגם ונערך ע"י ר' יחיאל אברהם בר לב; פתח תקוה תש"ן]

2. **<u>ציבור</u>**: והנה מה שמנה דוד את ישראל ... היה משום הכנה לבנות את בית המקדש, וכמו דמבואר שם שמיד אח"כ התחיל בבנין המזבח וע"ש. **משום שבבנין בית המקדש הוא חיוב על כלל הציבור.** וכמו דאיתא גמ' סנהדרין כ"א ע"ב, ג' מצוות נצטוו ישראל בכניסתן לארץ ואחד מהם הוא לבנות בית הבחירה, וכן בואר ברמב"ם בספר המצוות בסופו שזו מצוה המוטלת על הציבור. ומשום כך מנה דוד את ישראל **שע"י מנין שידוע ומתברר סך כל הציבור הרי מקבלים בזה שם של ציבור**, וביותר **שהמנין נותן חשיבות מיוחדת לדבר הנמנה** א"כ ע"י שמונים את כולם הם מקבלים בזה חשיבות של ציבור, והציבור הוה בונה את בית המקדש. [ומבואר יותר לפימ"ש הרמב"ן בפר' ויקרא שקרבן ציבור אינו קרבן השותפין שוה נחשב יחידים אלא יש שֵם של ציבור, ממילא ע"י שסופרים ויודעים את הציבור נקבע עליהם שם ציבור.] א"כ המנין הזה היה **הכנה לבנות את בית המקדש בכח הציבור**, וגם במדבר מצינו לפני בניית המשכן שנמנו, אולי גם זה כדי לקבוע עליהם שם ציבור שבונה את המשכן. וכמו כן בשאול לפני מלחמת עמלק כתיב וישמע שאול את העם [העם גי' **סְדָנָא** דְאַרְעָה חַד הוּא, שופטים מנהיגים -ז"ק] **ויפקדם בטלאים** [בטלאים גי' **צב** כמספר שופטים דיינים - ז"ק], שמנה אותם, וזה מתבאר על דרך זה **מכיון שהלך להילחם בעמלק שהוא גם חיוב על הציבור לכן הוא** מנה **אותם כי ע"ז יהיה כח הציבור להילחם בעמלק**, ואמנם גם במלחמה הראשונה הוא מנה כמ"ש

ויפקדם בבזק, אבל במלחמת עמלק כתוב וישמע שאול את העם, משמע דהרצון היה למנות את העם בכללותו ולא רק היוצאים למלחמה, ועי' בספר עזרא שג"כ היה שם מנין לפני בניית המקדש. [עיוני רש"י, פרשת כי תשא, אברהם יצחק ב"ר הגרח"ע ברזל שליט"א, קרית ספר תשנ"ח]

הרי שהנבחר הוא בא **כח הציבור** ואין לו שררה עצמית אלא שהציבור שורר על עצמו .
[הרב שילה רפאל – הכינוס הארצי הכ"א לתורה שבעל פה]

3. **היהודית**: עיין בפירוש 'אור יקר' להרמ"ק שפירש, שהמין האנושי בכללותו מכונה בכמה שמות, ועם ישראל מכונה בארבעה שמות והם: עם, עמי או עם ה', בני ישראל, **וישראל** ממש. 'הגרוע שבכולם הוא "עם", ירצה, שיש להם קשר ואסיפה', עכ"ל. [צניף מלוכה כה:ד]

4. **אחדות**: מפורש א"כ **שיסוד חטאם של השבטים במכירה הוא פירוד ועי"ז באה מצות מחצית השקל היוצרת את כח הציבור** בקרבנות ומכפרת משום **שיסוד מצות מחצית השקל כמבואר הוא אחדות** ומציאות האחדות היא רק על ידי שכל אחד מעביר על מדותיו ההפך ממה שנהגו השבטי י"ה. [חזון למועד – אריה ליב הכהן שפירא, ירושלים תשס"ה]

ואכן לקבלת התורה מאהבה צריכים אנו להיות כאיש אחד בלב אחד – ציבור שלם, וזה מתבאר ממחצית השקל, שכל אדם מבין שהוא חלק מן הכלל, **ועם כח הציבור והאחדות יכולים אנו לבוא לקבלת התורה מאהבה.** נמצא ש**במחצית השקל טמונה אותה אחדות,** כולנו בשוה – לא פחות ולא יותר, ולכן אדר הוא החודש של קבלת התורה, כי אחדות זו היא ההכנה לאחדות של קבלת התורה.

ולפי"ד, נבוא לדברי הירושלמי (שקלים פ"א) – כל העובר על הפקודים "כל דעבר על ימא", ודברי הירושלמי סתומים, דמה שייכות קי"ס למחצית השקל. ועי' בספר טעם ודעת מהרה"ג ר' משה שטרנבך שליט"א שביאר עפ"י המדרש שטען שרו של ים הללו עובד ע"ז והללו עע"ז, ועי' במשך חכמה (בשלח) דקטרוג זה הי' דוקא על הים שנתחלקו לד' כיתות ונתבטלה אחדותם, וממילא כשנתבטל כח הציבור נידונו כיחידים להענש על ע"ז, **והתיקון לזה הי' דוקא במחצית השקל – הכח של איחוד בכלל ישראל** – העשיר לא ירבה והדל לא ימעט, ממון הציבור. **זה הוא כח של מחצית השקל – כח הציבור מאחד את כולם**, ודייקא בחודש אדר שהוא החודש של קבלת התורה וכמשפרש"י מאהבת הנס [ועי' בבית הלוי על התורה ואכמ"ל].[נטע נעמים ח"ב דף 91 כסלו ה'תש"ס]

5 **תורה לשמה** כולנו יודעי שמך ולומדי תורתך לשמה. ובג' הגירסא כולנו יודעי שמך ועוסקי תורתך, הנה גירסת הרי"ף הוא אזיל לשיטתו דמברכין "על" דברי תורה היינו הלכות פסוקות **נשמעים** מן התורה, והנה צריכים ללמוד תורה לשמה, לשמה היינו כשמה תור"ה שמה, להורות אותנו את הדרך אשר נלך בה ואת המעשה אשר נעשה, והיינו תורה לשמה **לעשות את אשר נלמדו משנה הלכה לאמיתה**, וגירסא שלפנינו בגמ' הוא לעסוק בד"ת היינו פלפול וקוב"ה חדי בפלפולא אפילו אינו לאמיתו אמרז"ל [שהש"ר פ"ב טו] זה אומר בית אב של הלכה וזה אינו אומר בית אב של הלכה אעפ"כ פטטייא דאורייתא טבין **הנה טוב הוא אבל אינו לימוד לשמה**, הנה מברכין ועוסקי תורתך ואין אומרים לשמה, כי לעולם יעסק אדם וכו' [בבלי פסחים נ:] והבן הדבר. [ספר מגיד תעלומה השלם על הרי"ף בבלי ברכות דף ה' ע"ב [דף נ בדפוס בני ברק] מאת ר' צבי אלימלך שפירא אבד"ק דינוב]

6. **מלך** : ומלך לא אתקרי בר כד אינון מתרבין לגביה מתברכן. ומלכא אימתי אתקרי מלך כד רברבנוי אתיין לגביה. עיין פדר"א (פרק שלישי) **שאין מלך אלא אם העם ממליכין אותו.** כי ענין מלך הוא שאין מלך בלא עם. אכן יש מושל ומלך. **מושל היינו שמושל שלא מרצון העם והוא מנהיגם למעלה מדעתם.** אבן ענין מלך היינו שהעם מסכימים להמליכו בהתבוננם שתכלית טובם הוא כאשר יתנהגו על פיו. ודעתו הוא דיעה כוללת של כל העם ויוכל להלוך נגד רוח כל אחד ואחד. וזה הוא אחר הסתעפות המידות ושוב בהתכללותם יחד אז יראה שבשרשם הם אחד ורק מה שבהסתעפותם זה לצד זה וזה לצד זה שלא יכירו להתבונן שרשם. ומצד זה נדמה להם שהם נפרדים... [תפארת החנוכי, ביאור על ספר הזוהר הקודש לרבי גרשון חנוך העניך מראדזין, פרשת עקב]

7. **<u>זקנים</u> : ראשיכם שבטיכם**, דברי רש"י ידועים, ראשיכם לשבטיכם, יותר יתכן, אשר שבטיכם, הוא מלשון שבט מושלים,שהוא **כינוי לשררה**, וכן פירוש תרגום יב"ע, ואמרכלי שבטיכון, ויפה אמר הגר"א, ראשיכם **שרי אלפים**, שבטיכם הם **שרי מאות**, זקניכם אלו **שרי חמישים**, ושוטריכם אלו **שרי עשרות**, הכופים על קיום פסקי הדיינים. [הכתב והקבלה]

איכה אשא לבדי טרחכם משאכם וריבכם עיין ברש"י ורמב"ן ולפי שניהם צריך לנבון כנגד אפיקורסים ועניין תפילה עיין שם ולכן כתיב נבונים באמצע ומה שכבות רש"י ז"ל כי נבונים לא מצא קשה לומר שלא מצא בישראל אחד מאלף שיהיה נבון ונראה כי ואקח את ראשי שבטיכם רומז על נבונים ועשה מן הנבונים שרי אלפים ומן החכמים שרי מאות ומן הידועים שרי עשרות אמנם משעשה שרי חמישים היה מנהג אבותיהם בידיהם ופרשתי כזה וחמשים עלו בני ישראל מארץ מצרים אמנם כאשר ראיתי בפירוש הגאון מוולנא על ישעיהו קפיטל ג' פסוק נ'שכתב כי שרי העשרות אינם בכלל השרים עיי"ש נמצא שרי אלפים שרי מאות ושרי חמישים להטיל עליהם משאיהם טרחם וריבם ואולי כי דעת הגאון כי שרי עשרות היו שוטרים: [אהבת תורה לר' פנחס זלמן סג"ל איש הורוויץ (בהשמטות לפרשת דברים), פאדגורזע תרס"ה]

שרי אלפים. הם היו ו' מאות שרי מאות היו ו' אלפים שרי חמישים י"ב אלף שרי עשרות ס' אלף כדפרש"י, וקשיה איך היו עולים השרים במנין והלא כשאתה מונה ונוטל ו' מואת מס' רבוא שכך היו עולים שרי אלפים, השרי מאות שאתה נוטל מן החשבון הנשאר לא יעלה לשש אלפים וכן כלם, ופי' ריב"א דכל הני שרים היו יתרים מבני ששים כדקאמ' בפרק יש נוחלין דלא נמנו פחותים מכ' ויתרים מס', עוד י"מ דחשבון השררות קא חשיב **שבתחילה נתמנו שרי עשרות** ומחשובין שבהם בררו שדי חמישים ומחשובין שבהם בררו שרי מאות ומחשובים שבשרי מאות בררו שרי אלפים כדפר"ת בפ"ק דסנהדרין. [ריב"א עה"ת פרשת יתרו]

שרי עשרות היו מן הששים רבוא של ישראל שהיו מבן עשרים ועד בן ששים שנה אבל שרי אלפים ושרי מאות **ושרי חמישים היו מן הזקנים** שהיו מבן ששים ומעלה:
[בעלי התוספות עה"ת פרשת יתרו]

8. **<u>שבעה טובי העיר</u>** : ...והיינו כשמכרו בני העיר שלא מדעת (כח) **פרנסיהם**...אבל אם הסכימו שבעה טובי העיר... [שו"ע או"ח קנג]

פרנסיהם. שבעה טובי העיר. [משנה ברורה על אתר] עיין חזו"א בבא בתרא סימן ד' מס"ק י"ד עד כ"ב בארוכה כמה פרטים ופרטי פרטים בענין תקנות ציבור ורוב **וז' טובי העיר**...עיין שם בארוכה [חזון איש חלק ב' סימן קנג]

אם הציבור רוצה לרחיב את הרחוב ומוצאים הדבר לתיקון העיר, יש לדון אם יכולים להפקיע קרקעות היחידים שעל מצד הרחוב בכח **ז' טובי העיר שהן כבית דין להפקיר ממונו של יחיד.** [חזון איש ב"ב ד' ט"ו ד"ה אם]

...לכן אם ציבור בעיר הסמיך טובי העיר הוי בעירם כגדולי הדור.

[הרב אליהו בקשי: הרשויות המקומיות ותקנות הישוב בהלכה – תורה שבעל פה בכינוס הששה עשר – מוסד הרב קוק תשל"ד דף קיט]

ואמר שופטים ושוטרים תתן לך בכל שעריך רצונו שבכל בתי דיניך תעשה להם שופטים **ותשים שרים על הדיינים עצמם** ... [מלאכת מחשבת פרשת שופטים (דף קנב)]

9. **<u>יתרו</u>** : ..לא אחז"ל שנתנו במרה הדינין לישראל, אלא למשה רבנו והיה זה כדי שישפוט את העם בצדק ובמשפט...וז"ש (שמות כא:א) **ואלה המשפטים** [א]***אשר תשים לפניהם***.

...ויעצו [ב]***במנוי שופטים***...

...אמרו אנשים...שכתוב בדברי הימים שלא היה לאליעזר בן משה כ"א בן אחד והוא רחביה (ד"ה א' י"ז) ובני רחביה רבו למעלה ואחז"ל (בבלי ברכות דף ו') למעלה מששים רבוא לכן הזכיר כאן הכתוב בו לשון אחד להורות על הריבוי העצום שיצא מכח אליעזר שנקרא אחד. ואין ספק [ג]***שהביא יתרו עגלות*** [ד]***ועשר אתונות נושאות בר ולחם ומזון למשה ולכל***

אוהביו... והיה ראוי[ה] ***שמשה ילך אליו***...אבל יצא משה לקראת חונו מפני כבודו ומפני שהטריח עצמו לבוא...

...ויבא אהרן וכל **זקני** ישראל... והנה יתרו לא תפש את משה רבינו מיד במה שהיה לפי שאין לגנות[ו]*פעל חכם* עד שיודע תכלית כונתו בו... כי יבוא אלי העם לדרוש אלהים ר"ל שהעם הבאים אצלו – [נביא מובהק] מהם היו באים לדרוש אלהים ולדעת מה יהיה...דבר מיוחד לנביא... [מנהיג כמלך ושופט צדק] ומהם יבואו...לצרכי ציבור... [דיין] ומהם יבואו...לענין המשפט... [חכם תורני] ומהם יבואו...ללמוד חוקי אלהים ומצותיו...

...שהמנוי כל עוד שיהיה יותר כולל יהיה יותר בלתי מסודר...

...מה שנראה לי...

[יתרו] יעצו שמשה מעצמו ימנה השרים לרצונו ולבחירתו ומשה לא עשה כן אבל [ז]**אמר לעם הבו לכם** אנשים חכמים ונבונים וגומר.

א ***אשר תשים לפניהם.*** בהסכמה:

אשכח תני ר"ש בן יוחי ואלה המשפטים אשר תשים לפניהם. אתא מימר ל**בפשוטה דקרייא** ותייא כרבי יוסי בר חלפתא. ר' יוסי בר חלפתא אתון תרין בר נש מידון קומוי א"ל על מנת שתדיננו דין תורה. אמר לון אני איני יודע דין תורה אלא היודע מחשבות יפרע מאותן האנשים. **מקבלין עליכון מה דנא אמר לכון.** [סנהדרען פ"א ה"א]

ב ***במנוי שופטים.***

תמן קריי למנוייה סמיכותא. [סנהדרען פ"א ה"א]

ג ***שהביא יתרו עגלות.*** עגלי צב וזהו שהקריבו שש עגלי צב שעשו המתקת הדינים בהששה עיתים (עמק תפילה פרשת נשא מובא בשושנת העמקים לר' יעקב ישראל בן מרדכי טברסקי – לובלין תרמ"ד)

ד ***ועשר אתונות נושאות בר ולחם ומזון*** [א]שלום [ב]מצד הגשמיות

ה ***שמשה ילך אליו.*** **ופרש"י** שצריכין ב"ד הגדול שבלשכת הגזית לצאת לעיירות ולהושיב בכל א'סנהדרין קטנה של כ"ג, אבל **הרמ"ה** בדף טו: כתב בהיפוך דהשבט וסנהדריו באין אצל ב"ד הגדול בירושלים. [ספר ברכת שי מאת ר' שמריהו יוסף ברמן תשס"ב]

ובטעם מחלוקת - רש"י והרמ"ה רמ"ה כרשב"ג וכן פסק החינוך וכמו שהיה נהוג בתקופת השופטים. ורש"י כרב יהודה סובר שמצוה תלוי בראש ית"ב. דלעיני כל ישראל. דמאן דהוי רישא לישראל שקיל ככלוהו. אבל האמת עם הרמ"ה שהציבור חייב בכל שער ושער על קיום המצוה, והראש אתקרי **פרנס**.ואכ"ז על המלך או על הב"ד הגדול או על הראש לעמוד בפרץ ולמנות כיי דמר על **דוד** (שמ"ב ו:א) **ויהושפט** (דה"י ב' י"ז א') **ועזרא הסופר** (עזרא ז' כ"ה). ע"ע רמב"ם הלכות סנהדרין פ"ד ה"ז. וכן משמע מלשון הבבלי (דף פח:) מתחילה לא היו מרבין מחלוקת בישראל אלא בית דין של שבעים ואחד יושבין בלשכת הגזית ... ושאר בתי דינין של עשרים ושלשה יושבין בכל עיירות ישראל ... משרבו תלמידי שמאי והלל שלא שמשו כל צרכן רבו מחלוקת בישראל ונעשית תורה כשתי תורות **משם כותבין ושולחין בכלמקומות: כל מי שהוא חכם ושפל ברך ודעת הבריות נוחה הימנו יהא דייןבעירו.** וע"ע היטיב בגור אריה ר"פ שופטים וברמב"ם סה"מ מ"ע קע"ו וביד בפ"א מה"ס ה"ג.

ו ***פעל חכם.*** ול"א ת"ח. **והתכלית האמיתי הוא המעשה.** אבל מי שלמד כבר ויודע כל המעשים והדינים אזי **טוב יותר לרדוף ולחפש אחר איזה מצוה** מהלימוד. [של"ה הקודש מסכת שבועות דף קפד דפות אמשטרדאם שנת נה"ת]

ז ***אמר לעם הבו לכם.*** מצוה תצ"א: למנות שופטים ושוטרים. וזאת א'מן המצות **המוטלות על הציבור** כולם [ספר החינוך]

[א] ***שלום*** - בזמן שבית המקדש היה קיים, היו ישראל מקריבים העומר של שבלים, שהיה בו משקל ארבעים ונ' ביצים, ומזה השיעור חייב להפריש חלה... וגרס' בויקרא רבה {א}: אמ' ר' בניה, אמ' הקב"ה לישראל: "בני! כשהייתי נותן לכם את המן, הייתי נותן עמר לגולגולת *[א]*, ועכשיו שאתם נותנים לי את העומר *[ב]*, אין לי אלא עומר אחד משל כלכם, ולא עוד אלא שאינו של חטים אלא של שעורים *[ג]*. לפי' משה מזהיר את ישראל ואומר והבאתם את עומר התנופה וגו'.

ר' שמעון אומר אל תהי מצות העומר קל בעיניך,**שהרי מצות העומר עשה הקב"ה שלום** בין איש לאישתו, שנאמר והעומר עשירית האיפה הוא...תני: ר' חייא אומר, שבע שבתות תמימות תהיינה, אימתי הן תמימות? בזמן שישראל עושין *[ע' אות ב']* רצונו של מקום, יהיו תמימות בטללים ושבלים מלאות ובריאות. לפי' משה מזכיר את ישראל ואומר והבאתם את העומר.

מנורת המאור – פרק התפילה

{א} ***אמר רבי ברכיה*** אמר הקב"ה למשה לך אמור להם לישראל כשהייתי נותן לכם את המן הייתי נותן עומר לכל אחד ואחד מכם הה"ד (שמות טו) עומר לגלגולת ועכשיו שאתם נותנים לי את העומר אין לי אלא עומר אחד מכלכם ולא עוד אלא שאינו של חטים אלא של שעורים לפיכך משה מזהיר את ישראל ואומר להם והבאתם את עומר. מדרש רבה ויקרא פרשה כח פסקא ג

[ב] ***מצד הגשמיות*** ואפילו התמונות הגשמיות,שמרגישים את מקורם, חוזרים להיות רוחניים אמיתיים, לא על צד ההשואה ודמיון, אלא מתהפכים לרוחניות גמורה, על דרך שכתוב: "תתהפך כחומר חותם ויתיצבו כמו לבוש"... אך התאמץ עוד לברך ברכת העומר: כי "העומר עשירית האיפה הוא". **איפה,** הוא לשון תמהון לבב גדול, כמו שכתבת: **"איפה הוא הצד צודק. ועשירית** הוא מלשון **אסורות".** כי יש אם למסורת, ויש אם למקרא כנודע, והוא ע"ד: "מלך אסור ברהטים".
וענין המדה הזאת תורה, אשר בכוח האמונה והבטחון, גם התמהון לבב נאסר, כלומר, שלא נשאר אפילו רושם של תמהון,אשר זהו שעור העומר. אבל צריכים לברך... על כן אמרו חז"ל: "בעל הבית בוצע ואורח מברך". דהיינו, אסור לו לשקר בעצמו,שבעל הבית נותן לו שלמות, אלא עליו להרגיש האמת כמו שהיא, בדיוק נמרץ. ועל כן אמרו: "בעל הבית בוצע". ואף על פי כן אורח צריך לברך. "אורח", הוא מלשון **והריחו ביראת השם,** וכיון שמקבל מה שבעל הבית נותן לו בבציעה, כמו שהיתה על צד השלימות, ממילא נמצא "מברך". ושעור מדת ברכתו, כפי שעור שמחתו במתנה, והוא אפשרי לו, רק בכוח **והריחו ביראת השם.** [הרב יהודה אשלג אגרת 23 - 1927, עמ' ע"ח ב"ה יום ט"ז מר-חשון תרפ"ז לאנדאן יע"א]

10. **<u>מצוות מינוי "שרים"</u>**: **מצוה תצ"א: למנות שופטים ושוטרים** וזאת א' מן המצות **המוטלות על הציבור** כולם שבכל מקום ומקום וציבור הראוי לקבוע ביניהם ב"ד כמו שמבואר במס' סנהדרין ולא קבעו להם בטלו עשה זה ועונשם גדול מאד כי המצוה הזאת עמוד חזק בקיום הדת. ויש לנו ללמוד מזה שאע"פ שאין לנו היום בעונותינו סמוכים, שיש לכל קהל וקהל שבכל מקום ומקום למנות ביניהם קצת מן **הטובים** שבהם שיהיה **כח** על כולם ... [ספר החינוך]

העם מצווה על מנוי דיינים שנאמר **שפטים ושוטרים תתן לך** (דברים מז:יח) [אוצר ישראל - ערך דיין דיינים, לר' יהודה דוד אייזענשטיין]

מפורש בפרשה שמדבר **במינוי שופטים** לדון ולשפוט שעל **כן מינה עליהם שרי אלפים וכו' עד שרי עשרות.** [פירוש מהרז"ו **מדרש רבה סדר דברים פ"א** (א:יג)]

הכוונה בשרי אלפים ושרי מאות שרי חמישים ושרי עשרות ר"ל שרים שופטים... [אברבנאל יתרו]

והנה העמיד משה אז **שופטים שרי אלפים עד שרי עשרות...** [עמק הנצי"ב על ספרי במדבר פרשה בהעלותך פיסקא לו]

...והמושג "שרים" מכוון לז' טובי העיר... [שיטות בהלכה חלק ב' – חושן משפט (דף רכ) תל אביב תשנ"ט]

11. **<u>שרים</u>**: בספר דבר אברהם (ח"א ס"א ענף ב) מחדש שכח הפקר ב"ד הפקר אינו מכח ב"ד, אלא מכח הממשלה **שהם נבחרי ציבור**, ומביא ראיה לדבריו מהמקור אשר ממנו למד ר' יצחק בגיטין (לו:) שהפקר ב"ד הפקר (עזרא י:ח), "וכל אשר לא יבא לשלושת הימים כעצת **השרים והזקנים** יחרם כל רכושו והוא יבדל מקהל הגולה" דיסוד כחם הוא כי הם **"השרים והזקנים"** (דהיינו **<u>שהשרים הם נבחרי העם</u>**.) גם בפרש"י בסנהדרין (ה.) על "לא יסור שבט מיהודה ומחוקק מבין רגליו" פירש רש"י: שבט — אלו ראשי גלותא, ומחוקק — אלו **ראשי סנהדראות, שזה מכח בחירת הציבור.** (וע"ע בדבר אברהם ח"ב סי' כו ס"ק ג) [שו"ת יחל ישראל, סימן ק"ח, ר' ישראל מאיר בן משה חיים לאו]

12. <u>לבחור להם טובי העיר</u>: אמר רבא לא שנו אלא שלא מכרו שבעה טובי העיר במעמד אנשי העיר אבל מכרו שבעה טובי העיר במעמד אנשי העיר אפילו למישתא ביה שיכרא שפיר דמי. [בבלי מגילה כו:]

בני הכפר שרצו למכור בית הכנסת שלהן, או לבנות בדמים בית הכנסת אחר, או לקנות בדמים תיבה או ספר תורה--צריכין להתנות על הלוקח, שלא יעשה אותו לא מרחץ, ולא

בורסקי והוא המקום שמעבדין בו העורות, ולא בית הטבילה, ולא בית המים. ואם התנו שבעה טובי העיר במעמד אנשי העיר בשעת מכירה, שיהא הלוקח רשאי לעשות בו כל אלו--מותר. [משנה תורה להרמב"ם ספר אהבה, הלכות תפילה וברכת כוהנים, הלכות תפילה, פרק יא:יז]
וכן אם התנו שבעה טובי העיר במעמד אנשי העיר על מותר הדמים, שיהיו חולין--הרי אלו חולין. וכשלוקחין הדמים ובונין מהן בית הכנסת אחר, או שקנו מהם תיבה או מטפחות ותיק, או ספרי תורה או חומשין--והשאר יהיו חולין כמו שהתנו, ויעשו בו מה שירצו. [משנה תורה להרמב"ם שם, הלכה י"ח]

13. **בימי בית שני היתה בארץ ישראל לשלש "ארצותיה":** יהודה, עבר הירדן והגליל חלוקה מדינית-דתית ל"פלחים" שנקראו גם "מעמדות"[1] [ספר הישוב, שמואל קליין וחבר חכמים ועובדים מדעיים, כרך א' חלק א', דף כט; מוסד ביאליק ע"י "דביר" \ ירושלים תרצ"ט]

14. **קליין**: ספר השנה של א"י א; ב-ג; שליט, המשטר הרומי בא"י, 23 ואלך.

ז' טובי העיר, השעה צריכה לכך... [מרן ר' יוסף קארו בעל הבית יוסף], וכתבו התוס' אחולי אחיל גביה פירוש שבעה טובי העיר במעמד אנשי העיר כו' [סימן קיא]
מעשה שהיה כך היה בעיר דמשק...והסכימו בכך ז' טובי העיר ובחבר העיר אשר קבלו עליהם...כי אחר אשר נתמשכנו בהסכמת ז' טובי העיר במעמד אנשי העיר ובחבר העיר... נראה מכאן כי גדול כח הרבים ובנ"ד נמי רבים נינהו ... ע"פ חבר העיר ושבעה טובי העיר במעמד אנשי העיר בזה ודאי לא נשאר למעטים ההם שום חלק בהם כלל. וכתב הרב טי"ד ז"ל בסימן רנ"ו דחבר העיר היינו אדם גדול שהכל גובין על דעתו. וע"ע דברי רמב"ם פ"ט מה' מתנות עניים – ז"ק ע"פ המשך התשובה.

סימן קכב
...ריב"ש כתב בתשובותיו בסי' שצ"ט וז"ל נראה דהיינו דוקא בבני אומנות אבל בבני העיר יכולים הם להתנות ואינן צריכים להסכמת אדם חשוב שבעיר וכ"נ מדברי הרמב"ם שלא הזכיר דין אדם חשוב בבני המדינה רק בבני אומנות כו' עד וכ"נ מדברי הרמב"ן ז"ל כו' עכ"ל ואע"ג דבפרק בני העיר אמר לא שנו אלא שלא מכרו שבעה טובי העיר כו' אמתמני' קאי דאוקינא בשל כפרים אבל בכרכים לא מהני שבעה טובי העיר כלל ה"מ בסתם אבל אם ברור אפי' בכרכים מהני ואפילו יחיד דגרסינן בירושלמי דמגילה פ' בתרא שלשה מבית כנסת כבית כנסת שבעה מבני העיר כבני העיר מה אנן קיימים אי שקיבלו עליהם אפי' ביחיד ואי בשלא קיבלו עליהם אפילו כמה אלמא היכא דבוררו אפי' ביחיד נמי וכי היכי דמהניא ברירה בכפרים הכי נמי מהני בכרכים ... ושרי למשתי ביה שיכרא כדאיתא במס' מגילה ה"ה בכל מעשה הקהל מעשיהן קיים ובמעמד אנשי העיר היינו שעושים בפרהסייא ואין מוחה בידן שאילו בהסכמתן לא עשו טובי העיר כלום אלא כל הקהל או רובם ואפילו בכרכים נמי כ"כ ראבי"א ז"ל.

וכתב הרי"ף ז"ל בפרק הגואל לההוא דקנסיה רב נחמן לההוא גברא דגזלן עתיקא הוה וז"ל שמע מינה דקניסנה בכי האי גוונא אפילו בח"ל ודוקא גדול הדור כמו רב נחמן דחתניה לבית נשיאה הוה וממונה לדון ע"פי הנשיא או טובי העיר שהמחום רבים עליהם אבל דייני בעלמא לא עכ"ל:

ואף כי אנו בעונותנו הדיוטות אנחנו מ"מ המחונו רבים עליהם ויפתח בדורו כשמואל בדורו... וכתיב ובאת אל הכהן אשר יהיה בימים ההם כו' אין לך אלא כהן שבימיך וכתב ובאת ולא כתב וחלכת לרמוז נוטריקון ובא"ת וא"ל בינת"ך א"ל תשע"ן. והשעה צריכה לכך...[סימן קפו (דיני שבועה)] מתוך שו"ת אבקת רוכל למרן ר' יוסף קארו בעל הבית יוסף מוסמך בצפת עיה"קץ

וכן נוהגין בכל מקום שטובי העיר בעירן כבית דין הגדול מכין ועונשין והפקרן הפקר כפי המנהג.

שו"ת הרמ"א חו"מ ב א בהגה
בצרכי ציבור ועסקי הקהלה יעסקו *פרנסים* [זט"ה – משנה ברורה] כנהוג בכל הקהילות, ואם יצרפו עם הרב והוא פסול מחמת קורבה עם הפרנס מה בכך, וכי הדבר מבואר בחו"מ סי' ל"ד בסופו, טובי הקהל הממונים לעסוק בצרכי ציבור או יחידי הרי הם כדיינים ואסור להושיב ביניהם מי שפסול מחמת רשעה עכ"ל. הרי דדייק מחמת רשעה, לא מחמת קורבה...

ר' יונתן אייבשיץ במכתב מובא בכתבי הגאונים דף י"ב ע"ב – פיעטרקוב תרפ"ח
כל צבור וצבור במקהלות בני ישראל הם כשותפים וכ' אבל כדי שלא יהא הדבר כקדירה דבי שותפי ויהי' זה מושך לכאן וזה מושך לכאן וכו' ולזאת המנהג בכל תפוצות ישראל לבחור להם טובי העיר ולהם מסרו זכות שלהם. [שו"ת מהר"ם שיק – חו"מ סי' יט]

* והיינו כשמכרו בני העיר שלא מדעת (כח) **פרנסיהם**...אבל אם הסכימו שבעה טובי העיר [שו"ע או"ח קנג] (כח) **פרנסיהם**. שבעה טובי העיר. [משנה ברורה על אתר]
עיין חזו"א בבא בתרא סימן ד' מס"ק י"ד עד כ"ב בארוכה כמה פרטים ופרטי פרטים בענין תקנות ציבור ורוב וז' טובי העיר...עיין שם בארוכה [חזון איש חלק ב' סימן קנג]

...לכן אם ציבור בעיר הסמיך טובי העיר הוי בעירם כגדולי הדור. [הרב אליהו בקשי: הרשויות המקומיות ותקנות הישוב בהלכה – תורה שבעל פה בכינוס הששה עשר – מוסד הרב קוק תשל"ד דף קיט]

וַיִּתְקַבְּצוּ, כֹּל זִקְנֵי יִשְׂרָאֵל; וַיָּבֹאוּ אֶל-שְׁמוּאֵל, הָרָמָתָה... וַיֹּאמֶר יְהוָה, אֶל-שְׁמוּאֵל, שְׁמַע בְּקוֹל הָעָם, לְכֹל אֲשֶׁר-יֹאמְרוּ אֵלֶיךָ... וְעַתָּה, שְׁמַע בְּקוֹלָם... וְהִגַּדְתָּ לָהֶם, מִשְׁפַּט הַמֶּלֶךְ אֲשֶׁר יִמְלֹךְ עֲלֵיהֶם...וַיִּשְׁמַע שְׁמוּאֵל, אֵת כָּל-דִּבְרֵי הָעָם; וַיְדַבְּרֵם, בְּאָזְנֵי יְהוָה... וַיֹּאמֶר יְהוָה אֶל-שְׁמוּאֵל שְׁמַע בְּקוֹלָם, וְהִמְלַכְתָּ לָהֶם מֶלֶךְ; וַיֹּאמֶר שְׁמוּאֵל אֶל-אַנְשֵׁי יִשְׂרָאֵל, לְכוּ אִישׁ לְעִירוֹ... [שמואל א פרק ח]

"הנודע ביהודה" פסק באופן כללי ונחרץ שנבחרי הציבור אין להם סמכות לפסוק בנושאים שהם מצויים בהם בניגוד עניינים. וזה לשונו: מכל מקום בדבר שהם עצמם נוגעים בדבר אינם נקראים טובי העיר בזה, ואטו [=והאם] טובי העיר כשרים לדון לעצמם? ובענייני המס הם עצמם נוגעים בדבר, ובהדיא [=ובמפורש] מבואר... דכל צרכי ציבור שאינם יכולין להשוות עצמם יש להושיב כל בעלי בתים הנותנים מס." הנודע ביהודה" דימה את החלטת נבחרי הציבור בעניינים שהם מצויים בהם בניגוד עניינים להכרעה שיפוטית של השופט בענייניו הפרטיים. הוא אף קבע שבהחליטם בעניינים אלה, אין להם מעמד של נבחרי ציבור.
[http://www.daat.ac.il/mishpat-ivri/skirot/320-2.htm]

חשוב להבהיר, כי העיר הוכרה ע"י החכמים כגוף בעל סמכות חקיקה. בקובץ הלכות המצוי בתוספתא ב"מ עולה, כי לבני העיר סמכות לכפות על בניה לממן פרויקטים שונים (בניית בי"כ, קניית ספרים ועוד), סמכויות חקיקה(קביעת מידות ואומדנים וכד', הטלת קנסות בגין רעיית פרה בשדה חבר בעליה). עולה אפוא, כי לבני העיר אוסף של תחומי חקיקה של העיר - בעיקר בתחום המסחרי והמנהלי, אך גם במישור התעבורתי - למניעת נזיקין.עולה אפוא, כי חכמים הכירו במעמד העיר כגוף מחוקק בתחומים מסויימים. ברי, כי הכרה בסמכות החקיקה של בני העיר מתנגשת עם סמכות החקיקה של חכמים. עם זאת, המקורות אינם קובעים במובהק את קו הגבול שבין החקיקה העירונית לחקיקה ההלכתית. **אמנם, ניתן להציע, כי לעיר תהיה סמכות חקיקה בתחומים הניהוליים ולחכמים תהא סמכות ביחס לדין המהותי**. [משפט ושיפוט בתקופת המשנה והתלמוד]

15. **<u>המשנה</u>**: וכמה יהא בעיר ותהא ראויה לסנהדרין מאה ועשרים. רבי נחמיה אומר מאתים ושלשים כדי שרי עשרות [סנהדרין א:ד]

- שיהא לכל דיין שר של עשרה דבציר משרי עשר לא אשכחן שררה. [פני משה על אתר]

- ומאתים ושלושים. **כדי שרי עשרות** דהיינו כ"ג עשרות **שיהא כל דיין שר של עשרה דבציר משרי עשרה לא מבינן שררה.**[קרבן העדה על אתר]

ועל כרחך התוספות מפרשים שהיו לכל אחד מדייני ישראל מיוחדים אליו עשרה מיוחדים. וכענין זה ימצא מספר השררות כך שהיו מיוחדים לכל דיין עשרה אנשים, וגם נ' ומאה ואלף. [גור אריה פרשת יתרו]

דחשבון השררות קא חשיב **דמתחילתן נמנו שרי עשרות** ומהחשובין שבהם נתמנו לשרי ן' ומהחשובים בשרי ן' נתמנו לשרי מאות ומשרי מאות נתמנו החשובין לשרי אלפים עכ"ל [הרב] ומזה שויתי עזר למה שהובא בסה"ק רוח חיים ח"מ סי' א'אות ז' כיע"ש. [לחיים בירושלים על הירושלמי לר' חיים פאלאג'י, סנהדרין פ"א ה"ד דף נ"ו ע"ב]

16. **<u>שופטים</u>**: ראה מצוות מינוי "שרים"

17. **<u>זקנים</u>**: חביב הוא יתרו, שנתן לו הקב"ה פרשה להתגדר בה. ואי זו? זו מינוי זקנים, שנ' ואתה תחזה מכל העם. והלא מינוי זקנים היה דבר הגון לפני הקב"ה, ומפני מה לא צווהו הקב"ה למשה תחלה? אלא כדי ליתן ליתרו גדולה בעיני משה וכל בני ישראל. לומ', גדול היה יתרו, שהסכים הקב"ה על דבריו. אף יתרו לא אמרה אלא על תנאי, שאם יסכים הקב"ה על דבריו, שנ' אם את הדבר הזה תעשה וצוך וגו'. ועוד, ושמת עליהם שרי אלפים, שש מאות, [שרי מאות], ששת אלפים, שרי חמשים, שנים עשר אלף, שרי עשרות, שש רבוא. נמצאו דייני ישראל שבעת רבוא ושמנת אלפים ושש מאות. הא למדת, שאחד ממונה על תשעה ואחד על ארבעים ותשעה, לא אחד על עשרה ולא אחד על חמשים. [מספר מנורת המאור לרבנו ישראל בן יוסף בן אלנקואה ז"ל, מובא בפירוש רבנו סעדיה גאון לפרשת בהעלותך]

18. **<u>אלפים</u>**: ושמת עליהם שרי אלפים, יראה ששרי מאה ואלפים הוצרכו, שאם היה דין עם שרי עשרות היה נידון לפני שרי חמישים, וכן אם היה דין עם שרי חמישים היה נידונים לפני שרי מאה, כמו שאחז"ל שאין תלמיד חכם יכול לדון אלא למי שקטן ממנו כדאיתא בח"מ [סי' ז' ס"ו], וכן אם היה דין שרי מאה עצמו היו נידונים לפני שרי אלפים, ומה שלא הזכיר שרי עשרות אלפים כגון אם יהיה הדין עם שרי אלפים עצמו. יראה שהם **סנהדרין גדולה** שהם שבעים, דהיינו בשש מאות שרי אלפים, אם יהיה לכל עשרת אלפים שר אחד, הרי ששים שרים וכיון שהוי כ"ב שרי אלפים של הלוים הרי ס"ב, וכיון שהוי שני שרי אלפים יותר, וגם על אלו השרים שהם ס"ב נמנו עלהם עוד ששה, דהיינו לכל עשרה אחד ונשאר עוד שני שרים מן הס"ב, וגם כבר כתבנו שנשאר שני שרי אלפים מן הלוים וגם בישראל היו ג' אלפים עודף והוצרך למנות עליהם שר אחד, ועל כל אלה שבעה השרים הגדולים **נמנו עליהם עוד אחד והוא המופלה שבסנהדרין הרי שבעים**, ועל אותא המופלא הוא מה שאמרו חז"ל [בבלי סנהדרין ט"ז ע"א] כל דבר גדול, דבריו של גדול, והנה מה שכתב רש"י והוא ששרי הוי שש מאת לס' ריבוא, וכו' אין החשבון מכוון, דע"כ אין לומר דהשרים בכלל המנין דהיינו שרי עשרות היו בכלל עשרה וכן שרי חישים וכן כולם, דא"כ ע"כ יהיו שר עשרה ושר חמישים ושר מאה ושר אלף באדם אחד, כי הקטן א"א להיות שר על גדול ממנו, וע"כ שהיו השרים חוץ מהמנין, וא"כ נחסר המנין מן ס' ריבוא של ישראל. (ול"נ דבזמננו אנו אין אנו יודעים מי הוא הגדול, ודורשים "תוך".) ע"נ דאפשר לומר דיש לחלק בין דיין לשופט וע' בפר"י אברבנאל – ז"ק.

כבר נתקשו בזה התו' [בבלי סנהדרין יח. ד"ה נמצאנו]. ותירצו דע"כ אינו מדוקדק דהרי אותן שהיו יותר על ששים ואותן שהיו פחותים מעשרים לא נכנסו עם חלוצי צבא, אבל לענין דיינים ובעלי דינים גם הם בכלל, ואפשר שהיו יותר הרבה, והברייתא לא נקטא אלא באותן שעלו במספר' ופשיטא שהדיינים היו חוץ ממספר, וכן משמעות הכתוב במה שאמר משה רע"ה פ' דברים [א:י] והנכם היום ככוכבי השמים לרוב, ואח"כ כתב שהנמה עליהם שרי אלפים ושרי מאות מדקאמר ככוכבי השמים לרוב, משמע שלא אלו במספר, היינו משום דלענין דין הכל

בכלל אפילו אותן שלא עלו במספר: [ספר פנים יפות על התורה פרשת יתרו חלק ג' מספר הפלאה – רבנו פנחס הלוי איש הורוויץ]

19. ראה "יתרו"

20. **מנהיגי**: הרי שהנבחר הוא בא **כח הציבור** ואין לו שררה עצמית אלא שהציבור שורר על עצמו [הרב שילה רפאל – הכינוס הארצי הכ"א לתורה שבעל פה]

20. **היהודית**: ראה היהודית

22. **אין מחלקת רבן שמעון בן גמליאל אומר על ג' דברים העולם קיים**: על הדין ועל האמת ועל השלום. פי' ה"ר יונה ז"ל אין פירושו שבשביל ג' דברים אלו נברא העולם. [טור חו"מ ריש סימן א']
פי' הר"ר יונה איו פירושו כו' נראה דר"ל שאילו היה פירושו דבשביל ג' דברים אלו נברא העולם היה קשה מה נפשך **דאי פליגא**שמעון הצדיק שאמר על ג' דברים העולם עומד על התורה ועל העבודה ועל גמילות חסדים א"כ **היה לו לתנא לשנותם בחדא מתני' ובלישנא דפליגי אלא בע"כ דלא פליגי**... [ב"ח על אתר]

23. **מינוי**: חביב הוא יתרו, שנתן לו הקב"ה פרשה להתגדר בה. ואי זו. זו מינוי זקנים, שנ' ואתה תחזה מכל העם. והלא מינוי זקנים היה דבר הגון לפני הקב"ה, ומפני מה לא צווהו הקב"ה למשה תחלה. אלא כדי ליתן ליתרו גדולה בעיני משה וכל בני ישראל. לומ', גדול היה יתרו, שהסכים הקב"ה על דבריו. אף יתרו לא אמרה אלא על תנאי, שאם יסכים הקב"ה על דבריו, שנ' אם את הדבר הזה תעשה וצוך וגו'. ועוד, ושמת עליהם שרי אלפים, שש מאות, (שרי מאות), ששת אלפים, שרי חמשים, שנים עשר אלף, שרי עשרות, שש רבוא. נמצאו דייני ישראל שבעת רבוא ושמנת אלפים ושש מאות.**הא למדת, שאחד ממונה על תשעה ואחד על ארבעים ותשעה, לא אחד על עשרה ולא אחד על חמשים**. [משנת רבי אליעזר פרשה טז]

24 **אלפיים השנה**: ויאמרו העם **ושרי** גלעד איש אל רעהו מי האיש אשר יחל להלחם בבני עמון יהי' לראש לכל יושבי גלעד [שופטים י:יח], ונעשה בתכסים ברית **עם שרי העם במעמד אנשי העם כדין תקנת ציבור ז' טובי העיר** במעמד אנשי העיר. [ספר אלה דברי הברית לר' חיים הירשענזאהן, חלק שני, פרק ט' סעיף א', ירושלים תרפ"ח]

ובבוא הצבא הזה אל **ירושלים** החליפו **טובי העיר כ׳ח** ויחד עמם הכהנים הגדולים וכל אוהבי שלום אשר בקרב העם... [מלחמות היהודים ליוסף בן ממיהו הכהן, פרק יז ס"ה]

מכל מקום היו כמה מקומות, שתושביהם נשארו במקומם גם אחרי הלחמה, למשל **כָּבוּל** יוסף בן מתתיה מודיע [מלחמות ב' XVIII] שהיהודים, שנמלטו מפני הרומים, הבוזזים את עירם, חזרו והתנפלו על החיילים, שנשארו בעיר ורבים מהם חומתו בידיהם. אם כן, אף על פי שחרבה העיר, הרי הצילו אותה יושביה מאבדון גמור ואמנם מוצאים אנחנו שם כשלושים שנה אחרי החרבן **קהילה מסודרת** שיש לה בית כנסת ומרחץ **ובראשה עומדים טובי העיר** הנקראים "גדולי כבול". [ארץ הגליל מימי העליה מבבל עד חתימת התלמוד, דף 59 – ד"ר שמואל קליין, מוסד הרב קוק, תש"ו]

מנוי ז' טובי העיר [חו"מ שם בסי' קעט דף קמג רע"ב] עולה כי מנהג צפת היה שהקהל היה **בוחר י"א אנשים שהם היו בוחרים את ז' טובי העיר**. [שאלות ותשובות מהרי"ט צהלון החדשות לרבינו יום טוב צהלון זצ"ל מכון ירושלים תש"מ (רבינו המהריט"צ מגדולי דור ענקי הרוח מרן הבית יוסף תביריו ותלמידי ואחד משבעת החכמים שנסמכו על ידי מהר"י בירב.)]

ובאתי ביום ששי הר"ה (שנת תק"ח) בבוקר תוך עיה"ק **ירושלים**עם כל טובי העיר. [אגרת ר' אברהם גרשון מקיטוב מחברון אל גיסו ר' ישראל בעל שם טוב – נדפס בספר אגרות ארץ ישראל ע"י אברהם יערי, הוצאת מסדה 1971]

מהו שיבא עתה בית דינה של **טבריה** אשר הם טובי העיר. (שאלה נשאל לב אדוני ר' יצחק בן כבוד הרב אדוני ר' מרדכי נ"ע) [תשובות מחכמי פרובינציה לר' אברהם סופר נדפס מחדש בירושים תשכ"ח, ס' מח, דף קעד]

כי כמה בכנ"ס ובתי מדרשות היו **בירושלים** ובשאר המדינות וכשבטלה הארץ בטלה כולן. ולא חשו להן בעלייתן מן הגולה שלא לעשות בהם כל צרכיהם. ואעפ"כ **לא היתר לו רב אשי אלא ע"י מקח ושבעה טובי העיר** ולא הוצרכו למעמד כי בידוע שהסכימו על ידו בזה מפני תל עולם ועומד לבזיון ואין ממנה להם שום הנאה כי כל הדברים לפי ענינם הולכים. הלא תראה שלא שאל ממנו אלא מה למזרעי' ולא אמר למזרעי' ולמזבני'. **פקח עיניך וראה כי אמת הדבר כאשר פירשתי.ולא הביא זה הדבר בכאן כי אם מפני שבעה טובי העיר שהזכיר רבא.** ורצה לגלות בו שא"צ למעלה אנשי העיר בכל הדברים כי אם לפי מה שהן. [שו"ת תמים דעים להדאב"ד ז"ל סי' קי"ד – מובא בספר אסיפת זקנים לבבלי מגילה פרק ד דף 119]

ולמדנו כי שבעה טובי העיר אם התנו במעמד אנשי העיר שיעשו כרצונם.
[שו"ת תמים דעים להדאב"ד ז"ל סי' קי"ד – מובא בספר אסיפת זקנים לבבלי מגילה פרק ד' דף 123]

ומעשה היה ברבי יוסף באב"ד, רבה של טארנופול, בעל "**מנחת חינוך**" שישב באסיפה עם טובי העיר ודנו על צורכי העיר. [אמרות חכמה עה"ת דף רכה – ר' נתנאל אבני, ירושלים תש"ס]

וסיפר להרב ואז שלח תיכף לקרוא את ז' טובי העיר... [אביר הרועים חלק ב' ס' שס"א דף עה, תולדות חייו האדמו"ר **מסאכטשאב** בעהמח"ס אגלי טל]

כנסו את טובי העיר לאספה וקראו את **הגר"א** שיהיה עמהם באספה ובעצה. [מספר "מדור דור" של מ. ליפסון, עמ' 110; מובא בספר אבני חן פרשת וירא ס' תל"ט]

כשישב רבי יעקב דוד על כסא הרבנות בסלוצק...שאלו אותו טובי העיר. [מספר "מדור דור" של מ. ליפסון, עמ' 125; מובא בספר אבני חן פרשת ויחי ס' תתק"ל]

אבל מ"מ הדין עמו במ"ש שם דבפרטות בזמנים אלו שעפ"י הרוב טובי העיר ממנים דיינים. [אבן ציון פסקי הלכות לרא"ז מרגליות מבראד בעהמח"ס **בית אפרים**]

ובשנת התרנ"ו העיר ה' את רוח נשיאי העדה וז' טובי העיר. [אוצרות ירושלים – ממנהגי נישואין בעיה"ק ירושלים]

היו שם בעיר (ליוורנו באיטליה) שבעה פרנסים, שניהנו את חיי הקהילה היהודית, **"ז' טובי העיר"**. [רבי יוסף משאש זצ"ל בספרו "נחלת אבות"; מובא בספר אור דניאל, במדבר, פרשת קרח, דף שיח]

והיכא דמצא עדיו בעיר אחרת ואין בעל דינו לשם הרי מביא עדים לפני חכמי העיר או לפני טובי העיר ומקבלין עדותן...
[אור זרוע – פסקי בבא קמא פרק י סימן תלט]

הרב יעקב יעקליש מקראקא בנו של הרב משה עברליש, וממלא מקומו בתור "ראש העיר ומדינת פולין קטן", ואחד מנכבי קראקא **ושבעה טובי העיר**. בפיקס העדה שם חתום שלישי על התקנות משנת שנ"ה אחרי הרב אברהם מייזליש והרב פנחס הורביץ (מחותן, וגיס **הרמ"א**). [אלף מרגליות – ר' ישראל אריה מרגליות, ירושלים תשנ"ג]

רבי דוד נתנאל ב"ר יחזקאל שאול רופא: נולד **בטבריה**...בשנת תרל"א יצא לשליחות...ובשנת תרל"ב לקומצנטינא**והיה משבעה טובי העיר**...הוא נפטר בי"ד טבת תרס"ג (1903). [אנציקופדיה לתולדות חכמי ארץ-ישראל, ר' יעקב גליס, מוסד הרב קוק תשל"ה]

קונסטיטוציה יהודית פנימית זאת תלך ותתגבש ע"י תקנות והסכמות שערכו טובי העיר ופרנסיה, לפי רוח התורה והמסורה, עם בוא מגורשי ספרד ופורטוגאל בהמוניהם לאחר שנות רנ"ב, רנ"ז (1492-1496). [אוצר יהודי ספרד ספר ג' דף 86 – ירושלים תש"ך]

טובי העיר בוחרים להם ברב. [אוצר יהודי ספרד ספר ח' דף 25 , **קהילת שאלוניקי במאה ה-19**– ירושלים תש"ך]

וכשנתבקש רמ"ש מביאליסטוק לדווינסק לשבת על כסא רבנותה, באו אליו טובי העיר דוונסק למסור לו כתב רבנות. [אוצרות ירושלים שנת תשט"ו חלק א' אות צ"ב דף מו]

באקאו: בירת מחוז באקאו בדרומית מערבית של מולדויה, שהוא חלק מארץ רומניה. בעיר באקאו נמצאים לערך 15,000 תושבים ומחציתם יהודים (בשנת 1899 למספרם)...ויש לקהילה שבעה טובי העיר אשר יבחרו שלוחי בתי כנסיות...[אוצר ישראל ערך "באקאו"]

...והיום שני ימים לחודש זו שנה הנז' כאשר נקבצו ז' טובי העיר. [שו"ת אבני שי"ש לר' שאול ישועה אביטבול, חלק ראשון, סימן ו']

וכ"נ ממ"ש בנימוקי מהרמב"ם ז"ל דין אם בררו טובי העיר מתחי' להנהיג קהלם בכל דבר ואפי' יחיד מה שעשע עשוי ויפתח וכו'. גם הרב מהר"י אלדרבי ז"ל סי' ס"ג האריך בענין ז' טובי העיר לענין המסים והביא הירושלמי זה עש"ד, וכ"נ ממ"ש הטור ס"ב ש"מ דקנסינן בכה"ג אפי' בחו"ל (ועאכו"כ בארה"ק – ז"ק) ודוקא גדול הדור כמו ר"נ וכו' או טובי העיר שהמחום רבים עליהם והביאה מר"ן בשלחנו הטהור אלא שכבתב במקום רבים ב"ד והסמ"ע אסברה שם ס"ק ט' **דר"ל שהמחום הציבור לב"ד** והרב כנה"ג כתב וז"ל או טובי שהמחום רבים עליהם ר"י ז"ל, ויראה שמפרש בב"ח ודוקא גדול הדור אעפ"י שלא המחוהו וכו' או טובי העיר שהמחום וכו' ואין כאן הכרח דדילמא קאי אטרויהו ע"ש. האי **מבואר דבענין טובי העיר שנתמנו מהציבור** וא"כ תשובת הרשב"א מיירי בדהמחום רבים עליהם כ"ש שהוא רמז לירושלמי זה ככתוב בתשו' הנז"ל א"כ בנדון דידן אפי' נימא כדבריו כן הוא מ"מ **מינוי בעי** (משנה את הידוע שהוא א' מטובי העיר שעל ידם נעשה ונגמר כל ענייני הציבור ומנהג פשוט הוא בכל המקומות שמי שנראה בעליל ורצוי לעסוק שולחים היחידים שבעיר להושיבו עמהם בכל קיבוץ שיהיה וזהו מנויו) וכ"ת ששליחותו היא מינויו הרי נפסקה ככתוב בקב"ע והרי עבר ממינויו. [שו"ת אבני שי"ש לר' שאול ישועה אביטבול, חלק שני, סימן ח']

ויכול להיות דשיטת הרמב"ם הוא כדעת הירושלמי וכדרכו תמיד לתפוס סברת הירושלמי ברוב הענינים. [פנים מאירות על הירושלמי ראש השנה פ"ג ה"ה - ר' מאיר יוסף קוטקין אב"ד יאנאווא]

ומבל מקום יש עצה לזה למוכרו על ידי ז' טובי העיר במעמד אנשי העיר. סיומה דפיסקא...ימכרנו ליחיד על ידי ז' טובי העיר בפירסום אנשי העיר. אם נמלכו ז' טובי העיר היינו ז' טובי העיר... אם יסכימו ז' טובי העיר במעמד אנשי העיר. [אבני נזר, הל' בית הכנסת שו"ת סימן לג ס"ז, ט"ו; סימן ל"ד ס' ט"ו]

דמואר ברמ"א [סי' כ"ב] אם הם ממונים בעיר או טובי העיר קיים מצד המנהג אין מו"צ יחיד בכלל זה.**ובש"ך דווקא טובי העיר אבל לא דיינים. ואין לומר מעצמינו דווקא דיינים שלא קיבלו בני העיר להיות דיינים.** [אבני נזר המפואר – שו"ת חלק חושן משפט סימן ג']

ומעתה לנידון דידן בהרב. הנ"ל שנתנה אצל החברה כדין וכדת היינו באספה שלהם ובמעמד טובי החברה שזה נרקא רב שנתמנה ברשות הקהל, בודאי אין כל סברא שיוכלו להורידו מגדולתו כמו שביארתי מכל דברי הפוסקים הראשונים והאחרונים ז"ל ובודאי א"א להם להחזיר מדבריהם דהרי בשו"ת הרמ"א ז"ל סי' נ' כתב בהדיא בשם המרדכי בב"מ שכל דבר הנעשה ע"י ז' טובי העיר לא שייך בחזרה עיי"ש שהאריך בזה. [הרב ישעי' יוסף מרגולין, בדין אם יש רשות לעדה להעביר את רבם - נדפס ב"אהל תורה" ירחון תורני מירושלים עיה"ק – שנה שניה ; חוברת ב-ג תמוז-אלול תרפ"ז]

וחכם אחד הוסיף דלפעמים גם בלשון חכמים כך הוא, כמ"ש מהר"ם אלשקר בתשובה סי' נ"ה בכ"מ שנא' בני העיר ושבעה טובי העיר ה"ה אם היה כפר אומרים עליו בני העיר כאלו אמרו בני המקום וז' טובי המקום, הביאו כנה"ג באו"ח סי' קנ"ג. [שו"ת אבני צדק אה"ע סימן ס"א – ר' יקותיאל יהודה טייטלבוים דסינוט, לעמבערג תרמ"ה]

הגאון רבי אליהו מוולנא מהדר במצוות היה...נכנסו טובי העיר לאסיפה. [אגדה ומחשבה ביהדות דף 209 – ר' מאיר מיזליש, הוצאת "ניב" , ת"א תשכ"א]

והנה זה פשוט דאפילה הארבעה דברים יכולים לעשות כמו עם מכרו ז' טובי העיר במעמד אנשי העיר כו'. אמנם נראה שזהו בוודאי בהסכמת ז' טובי העיר במעמד אנשי העיר. ע' בתשו' פ"י בא"ח ח"א ס"ד. וע' בתשו' נו"ב מהד"ת חלק או"ח סי' י"ט. וע' בתשו' ח"ס חלק או"ח סי' ל"א. [אגרות-קודש היכל ששי שער ארבעה עשר סימן מב\מד מאת כ"ק ר' שמואל **מליובאוויטש**]

וממונו הפקר כמו הפקר ב"ד דגדולי הדור וכמואר במרדכי בפרק קמא דבבא בתרא בשם ר"מ דבדבר שהוא למגדר מלתא הוה טובי העיר שבמקומם כמו גדולי הדור, והפקרם ג"כ הפקר. [מתורתם של רבני **חב"ד** בדורות שעברו ב"אהלי שם" – קובץ לעניני הלכה שנה ג' מס' 4 דף יד, תשרי ה'תשא"נ]

ויש להם כח להפקיר ממונו ולאבדו, כפי מה שרואים לגדור פריצת הדור. וכל מעשיהם יהיו לשם שמים. ורוורא גדול הדור או טובי העיר שהמחום בית דין עליהם (שהמחום הציבור לבית דין עליהם – סמ"ע) **הגה: וכן נוהגים בכל מקום, שטובי העיר בעירן – כבית דין הגדול.** [עיונים בתורת רבותנו נשיאינו (חב"ד) ב"אהלי שם" – קובץ לעניני הלכה שנה ג' מס' 4 דף קמב, תשרי ה'תשא"נ]

כמבואר בפ"ק דב"ב דגם טובי העיר במקומם הם כבית דין הגדול שבירושלים עכ"ל. [דברי ח"ק מחז"ה מלבוב במכתב לרגל אסיפת רבנים בשנת תרמ"ב, מובא ב"מחזיקי הדת", אדמו"רי **בעלז**]

נחפזו אל היהודי מבלז'יץ ושאלוהו מה בדעתו לעשות כשיחזור לעירו, אמר להם: "איני יודע מה לענות לאנשי עירי, באתי אל הרב שליחות טובי העיר..."[ספר אדמו"רי **בעלז**, חלק שלישי דף נג]

הרבה עיירות שלחו את טובי העיר ונכבדיה לבקש ממרן שיבוא לגור אצלם לכל זמן המלחמה. [ספר אדמו"רי **בעלז**, חלק שלישי דף שכה]

טובי העיר, ראשיה ורבניה יצאו לתחנת הרכבת לבושי חג. [ספר אדמו"רי **בעלז**, חלק רביעי דף רט]

יסוד הקהל: אחר שאבדה המלוכה והממשלה בישראל בחורבן ירושלים ונתפזרו היהודים בין העמים, יסדו להם ישובים בערים שונות שגלו שם, ובכל עיר התאחדו לקהל או קהלה שקראו "קהלא קדישא" בר"ת ק"ק. **הממונים או ראשי הקהל היו שבעה טובי העיר.** [אוצר ישראל ערך "קהל"]

ומנהג פשוט בכל תפוצות ישראל, מי שחייב מס לקהל חובשים אותו בבית הסוהר **ואין מביאים אותו בפני בית דין אלא טובי העיר דנין אותו כפי מנהגם.** [שו"ת הרא"ש כלל ז' י"א – מובא באוצר ישראל ערך "אשר בן יחיאל (הרא"ש)]

שאלה במה שאירע בעיר מנטובא יען כי בימי קדם נהגו שלא לתת כלום מנכסי חוץ...אפילו אם לא היה לתיקון הקהל כ"ש שהוא לתיקון הקהל דבהא כבר פסק הרשד"ם ז"ל שם דאפילו צווחו בעת ההסכמה אין צעקתם כלום נגד רבים וכל שכן שההסכמה הזאת כבר היתה מימי קדם ושנים קדמונית ודאי דאין כח ביד המיעוט עתה לכוף את הרוב שלא יחזרו ויחדשו אותה תקנה ובר מן דין כי כבר חילק מהר"יבל ז"ל בת"ד דף ס"ב דהך פלוגתא דרבוותא דסברי דלא מצו לכוף טובי הקהל היינו דוקא כשלא נתבררו טובי העיר לפקח על עסקי ציבור אלא שהם גדולים מהקהל אבל אם הובררו טובי הקהל לפקח על עסקי ציבור בנ"ד שמאלו אנשים הפורעים הובררו מהם ומהברורים גם כן הובררו כל א' לענינו כבר כתב מהר"יבל ז"ל שם

והביא ראיה לדבריו מההיא דמסכת מגילה דקאמר התם במה אנן קיימין אי בשקיבלו עליהם אפ"י ביחיד ואי בשלא קבלו עליהם כו'. **והעמידוה בסתם** כלומר שהעמידו עליהם ז' טובי העיר לפקח על עסקי הציבור ואם כן בנדון דידן שהוברר לכך הרשות בידם לגזור ולתקן אפילו במלתא דאיכא רווחא להאי ופסידה להאי וכל זה וראי הוא במידי דרשות גמור ובזה מצינו לראבי"א שחלק על סברת מהר"יבל ז"ל כמ"ש הרב ב"מ ח"א דצ"ג שהרי ראב"יא איירי כשהובררו וקאמר דפליגי עליה הנהו רבוותא מיהו היינו ודאי במילי דרשות אמנם בענין כזה שהוא תקנת העיר והוא דבר מאה כמו שכתבנו בשם מהרשדם לעיל ודאי יודו דכל שהובררו לכך מתחילה היכולת ביד הרוב לכוף את המיעוט ובפרט כפי הנשמע בשאלתינו שיצא הדבר לידי חילול ה' בין האומות ומירופים וגידופין אין לך תיווך שלום ומצוה בדבר הזה ואין להם מיעוט **לצפצף פה**. [שו"ת פרי האדמה לרבנו מיוחס בכ"ר שמואל חלק שני, הלכות מכירה דף לג-לד במ"ד שלוניקי תקי"ז]

הנה באתרא דמסלקי מבואר בריטב"א בשטמ"ק דהיינו דהתנו בני העיר במעמד אנשי העיר, וא"כ הא כל מקום נוהג כפי שהנהיגו והתקינו אנשי העיר, ובודאי אם היו ז' טובי העיר מתנים בפירוש. [אילת השחר על הבבלי ב"מ סז ע"ב, סח ע"א]

כשנתקבל מרן בעל **נודע ביהודה** לרב בפראג שלחו אליו טובי העיר קאנסוס.
[אמרי צדיקים ליקוטי אמרים דף 22 – ר' אברהם איטינגא, לבוב ...]

ההנהגה המרכזית מורכבת משלשה: גדולי התורה – לעניינים רוחניים, **שבעה טובי** (הכולל) **{הקהל} ופרנסים לפקח על צרכי ציבור**, ונשיא ראש עליהם. אל (הכולל) {הקהל} נכנסים כל יהודי אין הבדל והפרש בין אשכנזי לספרדי, תימני או מערבי וכו' אלא שכל עדה מסתדרת לעצמה לפי התוכנית **לעשרותיהם, מאותיהם אלפיהם ושבטיהם...התכנית שואפת לאחדות שלימה ומוחלטת של כל חלקי היהדות.** [תולדות רבינו עקיבא יוסף שלזינגר – ירושלים תשס"א]

דבודאי מה שעושים **טובי הקהל** עשוי הוא לכל דבזה מודה הרב ז"ל. [ספר הלכה למשה היא – ר' חיים משה אמאריליו – שאלוניקי תקי"ב]

ובגוף הדבר **אם היה צריך התרה ע"י ב"ד** ופתח חרטה...עם היה זה ע"פ פקודת **השררה** א"כ אין מזה ראיה שהיה כוונתם להחמיר משאר חרמי ציבור וא"כ דינו **ככל שאר הרמי ציבור...ויכולים הם בעצמם בהסכמת טובי העיר**לפתוח את החרם. [נודע ביהודה – יורה דעה שאלה סז]

וכן יש לנשיא שבישראל כח זה מדכתיב ומחוקק מבין רגליו, והיינו דאית ליה **כח הציבור, שיש להציבור הכח למנות דיינים**, וזה מכח ותפקיד המלכות למנות דיינים, **והוא מכח הציבור**, וכן שיטת הרמב"ם [פיה"מ בכורות] שיש כח לכל חכמי ארץ ישראל להסמיך דיינים, **והוא מכח הציבור...** [ר' יוסף חיים שניאור קוטלר זצ"ל – מבועי משפט שסט]

ויכולים למכור לזה **לכולי עלמא על פי שבעה טובי העיר.** ובשואל ומשיב הנזכר לעיל בסימן הנ"ל: **"ז' טובי העיר מיקרי היותר משתדלים בדרכי ציבור אף שאינם היותר חכמים בעירם** או הזקנים, כמו שכתב הרשב"א סימן תרע"ז...**והשבעה טובי העיר יכולים למכור אף שלא במעמד אנשי העיר"**. [**הרב יוסף שלום אלישיב**– ישורון תשס"ו דף תנ]

מתוך שו"ת **אבקת רוכל** (למרן ר' יוסף קארו בעל הבית יוסף מוסמך בצפת עיה"ק) וכתבו התוס' אחולי אחיל גביה פירוש שבעה טובי העיר במעמד אנשי העיר כו' [סימן קיא] מעשה שהיה כך היה בעיר דמשק...והסכימו בכך ז' טובי העיר ובחבר העיר אשר קבלו עליהם...כי אחר אשר נתמשכנו בהסכמת ז' טובי העיר במעמד אנשי העיר ובחבר העיר... נראה מכאן כי גדול כח הרבים ובנ"ד נמי רבים נינהו...ע"פ חבר העיר ושבעה טובי העיר במעמד אנשי העיר בזה ודאי לא נשאר למעטים ההם שום חלק בהם כלל: וכתב הרב טי"ד ז"ל בסימן רנ"ו דחבר העיר היינו

אדם גדול שהכל גובין על דעתו. וע"ע דברי רמב"ם [פ"ט מה' מתנות עניים] – ז"ק ע"פ המשך התשובה. [סימן קכב]

ריב"ש כתב בתשובותיו בסי' שצ"ט וז"ל נראה דהיינו דוקא בבני אומנות אבל בבני העיר יכולים הם להתנות ואינן צריכים להסכמת אדם חשוב שבעיר וכ"נ מדברי הרמב"ם שלא הזכיר דין אדם חשוב בבני המדינה רק בבני אומנות כו' עד וכ"נ מדברי הרמב"ן ז"ל כו' עכ"ל ואע"ג דבפרק בני העיר אמר לא שנו אלא שלא מכרו שבעה טובי העיר כו' אמתמני' קאי דאוקינא בשל כפרים אבל בכרכים לא מהני שבעה טובי העיר כלל ה"מ בסתם אבל אם בררו אפי' בכרכים מהני ואפילו יחיד דגרסינן בירושלמי דמגילה פ' בתרא שלשה מבית כנסת כבית כנסת שבעה מבני העיר כבני העיר מה אנן קיימים אי שקיבלו עליהם אפי' ביחיד ואי בשלא קיבלו עליהם אפילו כמה אלמא היכא דבוררו אפי' ביחיד נמי וכי היכי דמהניא ברירה בכפרים הכי נמי מהני בכרכים ... ושרי למשתי ביה שיכרא כדאיתא במס' מגילה ה"ה בכל מעשה הקהל מעשיהן קיים ובמעמד אנשי העיר היינו שעושים בפרהסייא ואין מוחה בידן שאילו בהסכמתן לא עשו טובי העיר כלום אלא כל הקהל או רובם ואפילו בכרכים נמי כ"כ ראבי"א ז"ל.

וכתב הרי"ף ז"ל בפרק הגוזל לההוא דקנסיה רב נחמן לההוא גברא דגזלן עתיקא הוה וז"ל שמע מינה דקניסנה בכי האי גוונא אפילו בח"ל ודוקא גדול הדור כמו רב נחמן דחתניה לבית נשיאה הוה וממונה לדון ע"פי הנשיא או טובי העיר שהמחום רבים עליהם אבל דייני בעלמא לא עכ"ל:

ואף כי אנו בעונותנו הדיוטות אנחנו מ"מ המחונו רבים עליהם ויפתח בדורו כשמואל בדורו... וכתיב ובאת אל הכהן אשר יהיה בימים ההם כו' אין לך אלא כהן שבימיך וכתב ובאת ולא כתב וחלכת לרמוז נוטריקון ובא"ת וא"ל בינת"ך א"ל תשע"ן. והשעה צריכה לכך.[סימן קפו (דיני שבועה)]

חתימת שטר הרבנות ששלחה ק"ק אייזנשטט לרבנו (**ר' עקיבא איגר**). - אולם רבנו לבסוף לא קיבל ע"ע משרה זו.-

ד"א העומדים על הפקודים פקודי בני ישראל ראשי ומנהיגי הקהלה **שבעה טובי העיר** עדת ישורון בק"ק אייזענשטאדט יע"א מש"ק נגהי לאור יום א' ט"ו לירח תליתאי תקעי"ן לפ"ק.

ה"ק פייבל באנדי ה"ק אלי' מאחלוב ה"ק מענקי ענגלענדר ה"ק אשר בן הרב ליזר מבומסלא ה"ק חיים וואלף סג"ל ה"ק זלמן אויסטרליטץ סג"ל ה"ק וואלף קלאבער

25. **<u>בכל קהילה יהודית</u>**: **וישראל לאו הכי**, אלא בכל קרתא וקרתא ייתיבון דיינין בכל עיר ועיר ישבו דיינים, כדכתיב "שופטים ובתר הכי כתב שוטרים תתן לך בכל שעריך" כלומר, בכל קרתא עיר. "ושפטו את העם משפט צדק" דלא ייסטון דינא יסיטו הדין לסופריהם ולחזניהם. [מגיד מישרים למרן ר' יוסף קארו תורגם ונערך ע"י ר' יחיאל אברהם בר לב פתח תקוה תש"ן]

וכן נוהגין בכל מקום שטובי העיר בעירן כבית דין הגדול מכין ועונשין והפקרן הפקר כפי המנהג. [שו"ת הרמ"א חו"מ ב א בהגה]

ידוע **בכל המקומות ובכל הזמנים** התנהגו הקהילות עפ"י ראשי העדה **טובי העיר** וחבר העיר. [שמעון בן משה סופר, שו"ת מכתב סופר סימן ה']

המנהג בכל תפוצות ישראל כל צבור וצבור במקהלות בני ישראל הם <u>כשותפים</u> וכ' אבל כדי שלא יהא הדבר כקדירה דבי שותפי ויהי' זה מושך לכאן וזה מושך לכאן וכו' **ולזאת המנהג בכל תפוצות ישראל לבחור להם טובי העיר ולהם מסרו זכות שלהם.**
[שו"ת מהר"ם שיק – חו"מ סי' יט – חו"מ סי' יט]

כנהוג בכל הקהילות בצרכי ציבור ועסקי הקהלה יעסקו **פרנסים** [זט"ה – משנה ברורה] **כנהוג בכל הקהילות**, ואם יצרפו עם הרב והוא פסול מחמת קורבה עם הפרנס מה בכך, וכי הדבר מבואר בחו"מ סי' ל"ד בסופו, טובי הקהל הממונים לעסוק בצרכי ציבור או יחידי **הרי הם כדיינים** ואסור להושיב ביניהם מי שפסול מחמת רשעה עכ"ל. הרי דדייק מחמת רשעה, לא מחמת קורבה. [ר' יונתן אייבשיץ במכתב מובא בכתבי הגאונים דף י"ב ע"ב – פיעטרקוב תרפ"ח]

ומינה לכל הסכמות הקהלות, שכל הסכמה שעושים ממוני הקהלות לתקוני העיר **שדרכנו היום בכל גלילות ישראל** שמתקבלים ממוני אחד או שניים מכל קהל וקהל שבעיר למעמד **והן הן טובי העיר** [שו"ת מהר"מ אלשיך סי' נ"ט בסו"ד]

"כל צבור וצבור במקהלות בנ"י הם כשותפים וכו' אבל כדי שלא יהא הדבר כקדירה דבי שותפי ויהי' זה מושך לכאן וזה מושך לכאן וכו' **ולזאת המנהג בכל תפוצות ישראל לבחור להם טובי העיר** ולהם מסרו זכות שלהם" [שו"ת מהר"ם שיק חו"מ סי' יט] הרי שהנבחר הוא בא כח הציבור ואין לו שררה עצמית אלא שהציבור שורר על עצמו.

דאלים כח דציבורא, שבכלל דבריהם אינם צריכים קנין, שהרי כתב **הרשב"א** שדין הציבור עם היחידים כדין בית דין הגדול עם כל ישראל ... **כח הציבור אלים כתקנת בית דין.** [שו"ת הרשב"ש ס' קיב]

אין שום חולק [סימן קכ"א, ב"ה יום א' פ' חקת תפר"ח לפ"ק מאד יצ"ו. לכבוד אקרו"ט דק"ק פלוני יצ"ו.]

כן הציע לפני הרה"ג וכו' מ"ץ במ"כ ע"ד התקנה שנמצה בפנקס הקהל והתומים עלי' הרהגה"צ אב"ד זצ"ל וכמ"כ **טובי הקהל שאין לקצב בשר בשום מקום אך ורק במקולין של קהל כאשר הוא ברוב הקהילות דמדינתנו** וגם בק"ק פה כן התקנה מקמת דנא, והנה אי"צ לבאר **שאין שום ב"ד אפי' גדולי הדור אין בידם לבטל מה שהוא למגדר מילתא להציל ממכשולות כידוע** וכן מבואר בשו"ת מרן חת"ס יו"ד סי' י"ג, כש"כ וק"ו שעי"כ שעבר קצב א' על התקנה ויצא מכשול כ"פ ע"כ חלילה וחלילה לעבור על תקנה זו כמ"כ ביו"ד סי' א' סעי' י"א באין שום חולק ואם כן גם הכלים בכלל איסורא כמ"ש כל פוסקים רו"א ואצ"ל רק להזהר ולהעמיד התקנה בכל תוקפ' וטוב לכם זבה ואסיים בברכה אשרי האיש אשר יקים תורה זאת מוקירכם דו"ש. - הק' מרדכי ליב ווילקלער ק"ק מאד יצ"ו. סימן
[שו"ת לבושי מרדכי מהד"ת על ש"ע חלק יו"ד לר' מרדכי יהודה ליב בן נפתלי]

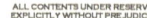

מצע

חוקה

החוקה, היא חוק הארץ, היא מסורת ישראל/התורה.

ריבונות היחיד תובגל אך ורק על פי הסכמתו וגמירת דעתו, כולל מנהג המדינה על פי דין.

ביטחון

חיזוק ההתיישבות היהודית בכל רחבי ארץ ישראל

ביטולם של כל ההסכמים שאינם לפי החוקה

שלום מוחלט באיזור ובעולם

לחימה ממוקדת נגד טרור ועבריינות

ביטול כל הנסיגות

שמירת זכותו של עם ישראל להגן על גבולותיו

שמירת ירושלים הבירה בריבונות עם ישראל

כל קהילה מספקת משאבי אנוש וציוד לצורכי הביטחון הלאומי

כלכלה

עידוד לחקלאים וליצרנים קטנים

מס הכנסה שווה לכל נפש עשרים אחוז (חציו מיועד לאוצר הקהל)

הקטנת העוני

כל המסים נגבים ברמת הקהילה (אוצר הקהילה משלם לממשלה במידת הצורך)

ביטולן של ההגנות הטמונות לתאגידים - ערבון של חברה או תאגיד <u>אינו</u> מוגבל

הפרטה לפי יכולתו של המשק המקומי

בנקאות לפי החוקה

סחר חופשי

אזור סחר חופשי בינלאומי

חברה

תיקון שיטת הייצוג

ביטולו של כל חוק, משפט או תקנה שאינו לפי החוקה

שמירת כל הזכויות שהובטחו על פי הוראות חוק הארץ, תורת ישראל, האמנות וההסכמים שאושרו על ידי הממשלה המושלת של מדינת ישראל, המשפט המקובל, חוקי הטבע והדין האלוהי

אשר מוכר באופן אוניברסלי. הזכויות הללו הנן טבועות ונשמרות על תקן זכויות בעלות מוחלטות, ומוחזקות ומוגנות.

בין הזכויות הללו: הזכות למעבר חופשי, בלתי מוגבל וללא הכבדה, מובטחת כזכות טבעית ולא רק כרשות מהרשות. הזכות לשאת נשק, ולהגן על חיי האדם ורכושו , מובטחת כזכות טבעית ולא רק כרשות מהרשות. הזכות לפרטיות ולחופש מחיפוש ומעצר בלתי סבירים, מובטחת כזכות טבעית ולא רק כרשות מהרשות.

מערכת משפט לפי החוקה

קידום חופש הפרט בכל המקרים שאין בהם נזק של ממש לזולת

דיור

ברחבי יו"ש ובכל מקום ששולטת בו החוקה, אדמות הארץ מחולקות לפי עקרונות של צדק למשפחות של יצרנים פרטיים.

עידוד בניה בכל מקום.

עידוד בניה פרטית על ידי משפחות וגם על ידי אנשי מקצוע שלוקחים אחריות מלאה לפני הקהילה.

כל תקנות הבנין ושימוש בקרקע נקבעים אך ורק על ידי נציגי ציבור הממונים לתפקיד זה לפי החוקה.

עידוד בהלואות לצורכי בניה בלי ריבית כשר למהדרין בכסף צרוף.

חינוך

מערכת חינוך בהפעלה משותפת של ההורים

מימון החינוך על ידי הקהילה

הגברת החינוך הביתי

*   *   *   *   *   *   *   *   *

כח הציבור נובע מכל יחיד בעם ישראל ללא הבדל מוצא, השקפה, או השתייכות פוליטית

Seal
COPY-CLAIM by:jdh™
סימן הק' יונתן-בן-אליעזר:אמרכל, שר

חוק יסוד – הציבור ה'תשע"ג

מטרה

לצורך הגשמת הקריאה לתושבי ארץ ישראל לנקוט בצעדים הנדרשים מצדם כדי לממש את החלטה מס' 181 של העצרת הכללית של האו"ם, ובפרט כדי להקים מדינה יהודית כנדרש בחלק 1, סעיף A, פסקא 3, תוך הבטחת זכויות שוות ללא אפליה לכל בני האדם בתחומים אזרחיים, פוליטיים ודתיים והגנה על זכויות האדם וחרויות היסוד, כולל חופש הדת, השפה, הביטוי והפרסום, החינוך, ההתאגדות וההתכנסות, וכן החובה המוגדרת בפסקא 4 לשמירת חופש התנועה והשליטה על המגורים בתוך גבולות המוכרים ע"י התושבים; ובמטרה לממש את תנאי חוק-יסוד: הכנסת, סעיף 7.א. המתוקן, לאפיין את מדינת ישראל כמדינתו של העם היהודי ולדרוש שמדינת ישראל תשמור על אופיה הדמוקרטי, מכריזים על חוק זה כנדרש ע"י חוקי היסוד ואמנות בינלאומיות [1].

מהות הציבור

1. הציבור כולל כל אחד ואחד מבני ישראל וגם כולל כל גר תושב על פי מסורת ישראל, שהוא התורה, הנמצאים בארץ ישראל.
2. הציבור נבנה לפי השיטה שיוסד בימי יתרו לפי תורת משה וישראל, מעודכן על ידי ראשי קהילות ישראל שבכל דור ודור, ולפי חוק זה, ולפי רשיון האו"ם ב-"***UN General Assembly Resolution 181 Section 3.a.***" והסכמים אחרים.
3. מבנה הציבור לפי מסורת ישראל, שאמור לשמור ולשפר את אופי ה"דמוקטיה" של מערכת הנציגות בארץ, זוכה לכל סמכות שניתן על ידי המסורת לז' טובי העיר.
4. אבן יסוד של הציבור הוא ה"מנין" כמפורט להלן (7).

כלליות הציבור

5. הציבור כולל "יחידים" ו"ניציגים ציבוריים".

מערכת הבחירות

6. כל מנין כולל לפחות עשרה יחידים מבני ישראל שהם זכרים הנמצאים בארץ ישראל ושהגיעו לשלש עשר שנים. מנין יכול לכלול עוד יחידים בני ישראל הנמצאים בארץ ישראל שהם זכרים ונקבות ומכל גיל.
   א. כל מנין יבחר ויברר נציג ציבורי מקומי.
      i. נציג ציבורי שמיצג מנין נקרא *"שר עשר"*; לשר עשר יש זכות הצבעה במושב *"אנשי המקום"*
      ii. יש לכל שר עשר לאגד עם לפחות עוד תשעה שרים ולחבור מביניהם שני "זקנים" שעלהם להסכים בין שניהם מי ישרת "שר חמישים" ומי ישרת "שר מאה". והם *" אנשי השכונה"*.
      iii. נציג ציבורי שמיצג עשר שכונות נקרא *"שר אלף"*; לשר אלף יש זכות הצבעה במושב *"אנשי העיר"*.
      iv. *אנשי העיר* בוחרים מביניהם שרי עשרות, חמישים ומאה, ושרי אלף.
      v. השרי אלף של *אנשי העיר* בוחרים מביניהם נשיא.
      vi. כל הנציגים יושבים לפי לוח זמנים קבוע כדי:
      vii. לברר ולבחר נציגים למושבים של שרים באותו רמה.

i. לברר ולבחור נציגים שליחים למושבים של שרי מעלה (*"זקנים"*).

ב. כל מקום שיש בו יכולת לברר ולבחור נציגים חייב לעשות כן על פי חוק זה.

הזכות לבחור

8. כל יחיד בישראל שהגיע לשלש עשר שנה חייב לבחור לו נציג ציבורי מקומי הנקרא *"שר עשר"*.
9. כל נציג ציבורי מקומי חייב לשתף פעולה בבחירת נציגים למושבים של הזקנים, שם שרי חמישים, שרי מאה ושרי אלף.
10. כל יחיד יש לו זכות ללוות את נציג שלו לכל מושב זקנים ולשטף פעולה בבחירת נציגי על.

הזכות להיבחר

11. כל אחד בציבור בן עשרים שנה ומעלה זכאי לבחור לשר ציבורי

מי לא יהיה מועמד לשר

12. אלה לא יהיו מועמדים לשר ציבירי:
    א. מנכ"ל או יושב דרקטריון חברה מחוץ לארץ
    ב. שופט ממשלתי.
    ג. דיין של בית דין דתי-ממשלתי.
    ד. מבקר המדינה.
    ה. ראש המטה הכללי, צבא הגנה לישראל.
    ו. עובדי מדינה בחירים.

תקופת כהונת נציג ציבורי

13. כהונת נציג ציבורי תפסק מיד אם פירסום החלטה זה על ידי שלוחיו

מועד הבחירות

14. הבחירות לנציגים ציבוריים יהיו בתקופה שמתחיל שש שבועות לפני השבוע שיחול פסח בכל שנה, או בכל מועד אחר שנקבע על ידי מושב הזקנים.

פירסום תוצאות הבחירות

15. תוצאות הבחירות יפורסמו ברשומות תוך ארבע עשר ימים מיום הבחירות.

כינוס מושב נציגי הציבור

16. כל מושב הזקנים ישב בשעות היום בימי שני וחמישי ובכל זמן אחר שנקבע על ידי החלטת רוב השרים

סדר פתיחה למושב זקנים

17. השר הותיק בכהונתו, או הממונה על ידו, ישב בראש מושב הזקנים.

הצהרת אמונים של נציג הציבור

18. סדרי ישיבת הפתיחה ייקבעו בחוק, והם יבטאו את אופיה של הציבור ומורשת ישראל.

נציג ציבורי יצהיר אמונים; ואלה דברי ההצהרה:
"אני מתחייב לשמור אמונים מורשת ישראל ולמלא באמונה את שליחותי בציבור."

הצהרה מאוחרת

19. נציג שלא היה בנוכח בזמן הצרת השרים יצהיר לפני המושב לפני השתתפותו במושב.

אי הצהרה

20. קרא יושב ראש מושב זקנים לנציג הציבור להצהיר הצהרת אמונים והנציג לא עשה כן, לא יהנה הנציג מזכויותיו של שר כל עוד לא הצהיר.

חסינות נציגים ציבוריים

21. לנציגי הציבור תהיה חסינות זהה לחסינותו של חבר כנסת; פרטים ייקבעו בחוק.

חסינות בנייני הציבור

22. לבניינים מוקצאים לשימוש ציבורי תהיה חסינות זהה לחסינותו של בנייני הכנסת; פרטים ייקבעו בחוק.

סדרי העבודה והתקנון

23. המושב זקנים תקבע סדרי עבודתה; במידה שסדרי העבודה לא נקבעו במסורת תקבעם המושב זקנים בתקנון; כל עוד לא נקבעו סדרי העבודה כאמור, תנהג המושב זקנים לפי הנוהג והנוהל המקובלים בה

מבנה מושב זקנים

24. כל מושב זקנים יכלול מושב רוחני הנקרא "*סנהדרין קטנה*" ומושב גשמי הנקרא "*מעמד טובי העיר*".
   א. סנהדרין קטנה של צ"ב לפי המסורת.
   ב. מעמד טובי העיר של כ"ח לפי המסורת.

ועדות

25. כל מושב זקנים תבחר מבין חבריה ועדות קבועות, והיא רשאית לבחור מבין חבריה גם ועדות לענינים מסויימים; תפקידי הועדות, סמכויותיהן וסדרי עבודתן, במידה שלא נקבעו בחוק, ייקבעו בתקנון.

ועדות חקירהה

26. כל מושב זקנים רשאית למנות ועדות חקירה, אם על ידי הסמכת אחת הועדות הקבועות ואם על ידי בחירת ועדה מבין חבריה, כדי לחקור דברים שהציבור קבעה; סמכויותיה ותפקידיה של ועדת חקירה ייקבעו על ידי המושב.

מומחים

27. מומחה שמוכר על ידי מושב זקנים דינו לכל דבר הנוגע למושב זקנים כדין שר, אולם לא תהא לו זכות הצבעה. .

מנין למושב זקנים

28. מושב זקנים תדון ותחליט בכל זמן ששליש השרים בנוכח, כדלהלן:
  א. סנהדרין קטנה תדון ותחליט בכל זמן שעשרים ושלוש שרים בנוכח.
  ב. מעמד טובי העיר תדון ותחליט בכל זמן ששבעה שרים בנוכח

רוב

29. מושב זקנים תחליט ברוב דעות של המשתתפים בהצבעה, כשהנמנעים אינם באים במנין המשתתפים בהצבעה; סדרי ההצבעה ייקבעו בתקנון; והכל כשאין במסורת ישראל הוראה אחרת לענין זה.

ישיבות

30. כל ישיבה של מושב זקנים יושב במקום הציבור שיוצג על ידי השרים שיושבים בו או במקום שנקבע על ידי אותו מושב זקנים או נציגים של היחידם המוצגים.

פרסום

31. נוכחות במושב זקנים מוגבל לשרים ושלוחיהם אלא במקום שיש החלטה אחרת על פי רוב השרים .

פרסום הליכים

32. הליכים מושב זקנים והדברים שנאמרו בה - פרסומם מוגבל ואינו גורר אחריות פלילית או אזרחית.

פרסום : איסורו

33. הליכים מושב זקנים והדברים שנאמרו בה - פרסומם אסור אלא במקום רשיון השרים ולפי התקנון.

פרסום באיסור : עונשים

34. הפרסום של דברים שאסורים לפרסם אותם לפי חוק לזה ולפי התקנון כרוך בעונשים וקנסות הפורטים בתקנון.

קהלת שרים

35. כל השרים יקהל פעמים בשנה למושב זקנים כללי. מושב הקיץ יקהל במשך השש שבועות שחלות לפני השבוע שחל בו הפסח; מושב החורף יקהל במשך השש שבועות שחלות לפני השבוע שחל בו ראש השנה. כל מושב זקנים כללי ימשך לפחות שלשה ימים.

זמני ישיבת מושב זקנים

36. כל מושב זקנים יפתח באור היום ולפני ארבע שעות (עשר בבוקר) וסיומו יהיה לפני שקיעת החמה.

מושב זקנים לפי בקשה

37. בנוסף לזמנים הנקבעים למעלה יקבע מושב זקנים לפי בקשת ז' שרים.

התפזרות מושב זקנים

38. מושב זקנים תתפזר כל זמן שאין בנוכח המנין הנדרש בחוק זה בסעיף 28.

רציפות הנציגות

39. במקרה של נציג שנפסל רשיונו, על שלוחיו למנות נציג חדש תוך 30 יום, לפי הנדרש בחוק זה סעיף 7 .

כספים ציבוריים

40. הציבור יספק כל הכספים הנדרשים כדי להוציא לפועל חוק זה.
   א. כל יחיד בציבור יתן תרומה שנתי. סכום התרומה יקבע בהקהל כל השרים.
   ב. כספים נוספים שנדרשו על ידי כל מושב זקנים דורשים הסכמתו של המיוצגים של אותו מושב זקנים.
   ג. כספים שנתרמו על ידי יחידים יהיו מוחזק באוצר המקומי שמנוהל על ידי השרי עשר המקומי.
   ד. אוצר המקומי ידון ויחליט על כל הכספים המקצבים לאוצר השכונה.
   ה. אוצר השכונה ידון ויחליט על כל הכספים המקצבים לאוצר העיר.
   ו. אוצר העיר ידון ויחליט על כל הכספים המקצבים לאוצר השבט.
   ז. כל הכנסת כספים נעשה על ידי לפחות שתי נציגי האוצר.
   ח. כל הוצאת כספים נעשה על ידי לפחות שלש נציגי האוצר

שכר

41. נציגי הציבור יקבלו שכר כפי שנקבע על ידי המוצגים.

התפטרות נציג ציבורי

42. ניציג הציבור רשאי להתפטר מכהונתו; ההתפטרות תהיה בהגשה אישית של כתב התפטרות על ידי המתפטר לכל משולחיו וליושב ראש המושב זקנים, ואם נבצר ממנו להגישו אישית - על ידי משלוח בדרך שנקבעה בתקנון; כתב ההתפטרות יהיה חתום ביום ההגשה או המשלוח.

תוצאות ההתפטרות

43. שר שהגיש התפטרותו, חברותו מושב זקנים נפסקת מיד.

פקיעת כהונה או מועמדות

44. שר או נציג ציבורי שנבחר או נתמנה לאחד התפקידים שנושאיהם מנועים מהיות מועמדים לנציג ציבורי, חברותו במושב זקנים או מועמדותו לנציג ציבורי, לפי הענין, נפסקת עם בחירתו או עם התמנותו לאחד התפקידים כאמור; לענין זה, "מועמד לנציג ציבורי" - מי ששמו כלול ברשימת מועמדים לשרות, מיום הגשת רשימה עד יום תחילת כהונתו כנציג ציבורי.

חילופים של נציגי ציבור

45. נתפנתה משרתו של נציג ציבורי, ימלא מקומו לפי התקן שמתואר זה בסעיף 7 של בחוק זה.

יציבות החוק

46. על אף האמור בכל דין אחר, אין בכוחן של תקנות שעת חירום לשנות חוק זה, להפקיע זמנית את תקפו או לקבוע בו תנאים.

נוקשות סעיפים

47. אין לשנות סעיף 46 אלא בחוק שנתקבל ברוב של כל מושבי זקנים; לענין סעיף זה "שינוי" - בין מפורש ובין משתמע.

NAME IN CAPS
Prime Minister

NAME IN CAPS
President of the State